BRASSENS

BRASSENS

Chansons illustrées
par **Joann Sfar**

Gallimard

Le championnat du monde des Brassens
Vous faites quoi maître?
mmm
Figure-toi que je me prépare pour le championnat du monde des Brassens.
ça consiste en quoi?
imagine les Restos du cœur, le téléthon, l'école des fans et la staraque, mais avec des moustaches.
Mais vous comptez tout de même pas sortir dans cette tenue?
Non mais toute la France va suivre, et bientôt le monde! il suffit de se mettre une moustache et de chanter Brassens.
et?
Et rien. C'est une fin en soi. Les gens se mettent derrière leur ouèbkame et ils se filment en train de chanter Brassens avec des moustaches.
Par rapport à chatteroulette, ils prendront moins froid.
Et ça leur fait quoi?
Essaie.
Colle-toi des moustaches et mets-toi à chanter Brassens et dis-moi comment tu te sens.
C'est un ordre?
Oui.

Quoi, encore?
Je suis désolé, mais je ne connais pas très bien le répertoire de Georges Brassens.
CLIN♫ CLON♫
Vous savez, pour un chien autodidacte, je m'en sors plutôt bien à la guitare, je veux dire que je parviens à former des accords, mais les vrais livres de partitions qu'on trouve dans le commerce sont trop complexes pour moi.
Et dans les éditions qui me conviendraient, celles avec juste les accords écrits au-dessus du texte, on trouve toujours la même vingtaine de chansons.
Tu veux dire que si je te fais un bouquin avec TOUT Brassens et les accords au-dessus des mots tu vas cesser enfin de chanter "No woman no cry"?
Peut-être.
ALORS, c'est une noble tâche. Et je m'y attelle tout de suite. il y aura seulement les chansons écrites par Brassens lui-même. ça te va?
C'est déjà pas mal.

Je voulais faire plein de blagues à l'occasion de ce petit texte. Et imaginer un "Championnat du monde des Brassens" avec plein de célébrités françaises, de David Douillet à Lionel Jospin qui viendraient pousser la chansonnette en mettant des moustaches.

Je n'arrive pas à vous faire des plaisanteries car je vous écris depuis le studio où nous enregistrons une quarantaine d'inédits de Brassens. François Morel est derrière la vitre, il chante "on veut me séparer de vous" et nous avons tous la gorge nouée.

En tout cas, promettez-moi que vous n'allez pas attendre de bien savoir jouer d'un instrument pour chanter Brassens.

Je le chante avec mon copain Fabien qui me ressort Aragon et qui fredonne

Joann Sfar. Paris.
Vendredi 21 janvier
2011

Ce livre rassemble les cent vingt et une chansons
que Georges Brassens a écrites et enregistrées lui-même.

Les paroles et les musiques sont toutes de Georges Brassens,
à l'exception du *Mauvais sujet repenti* et du *Nombril
des femmes d'agent* dont il n'a signé que les textes.

Les chansons sont publiées ici dans l'ordre
des dates d'enregistrement, de 1952 à 1979.

Table

La mauvaise réputation

Bm F#7 Bm
Au village sans prétention,
C# F#7 Bm
J'ai mauvaise réputation,
Bm F#7 Bm
Qu'je m'démène ou qu'je reste coi,
C# F#7 Bm
Je passe pour un je-ne-sais-quoi.
G F#
Je ne fais pourtant de tort à personne,
G F# Em6 F-7 F#7
En suivant mon chemin de petit bonhomme ;
Bm Bm
Mais les brav's gens n'aiment pas que
C# F#7 Bm
L'on suive une autre route qu'eux…
Bm F#7 Bm
Non les brav's gens n'aiment pas que
C# F#7 Bm
L'on suive une autre route qu'eux…
G Bm
Tout le monde médit de moi,
F# F#7 Bm
Sauf les muets, ça va de soi.

Le jour du quatorze Juillet,
Je reste dans mon lit douillet ;
La musique qui marche au pas,
Cela ne me regarde pas.
Je ne fais pourtant de tort à personne,
En écoutant pas le clairon qui sonne ;
Mais les brav's gens n'aiment pas que
L'on suive une autre route qu'eux…
Non les brav's gens n'aiment pas que
L'on suive une autre route qu'eux…
Tout le monde me montre du doigt,
Sauf les manchots, ça va de soi.

Quand j'croise un voleur malchanceux
Poursuivi par un cul-terreux
J' lanc' la patte et, pourquoi le taire,
Le cul-terreux se r'trouv' par terre.
Je ne fais pourtant de tort à personne,
En laissant courir les voleurs de pommes ;
Mais les brav's gens n'aiment pas que
L'on suive une autre route qu'eux...
Non les brav's gens n'aiment pas que
L'on suive une autre route qu'eux...
Tout le monde se ru' sur moi,
Sauf les culs-d'-jatt', ça va de soi.

Pas besoin d'être Jérémie
Pour deviner le sort qui m'est promis :
S'ils trouv'nt une corde à leur goût,
Ils me la passeront au cou.
Je ne fais pourtant de tort à personne
En suivant les ch'mins qui n'mèn'nt pas à Rome ;
Mais les brav's gens n'aiment pas que
L'on suive une autre route qu'eux...
Non les brav's gens n'aiment pas que
L'on suive une autre route qu'eux...
Tout le monde viendra me voir pendu,
Sauf les aveugles, bien entendu.

le gorille

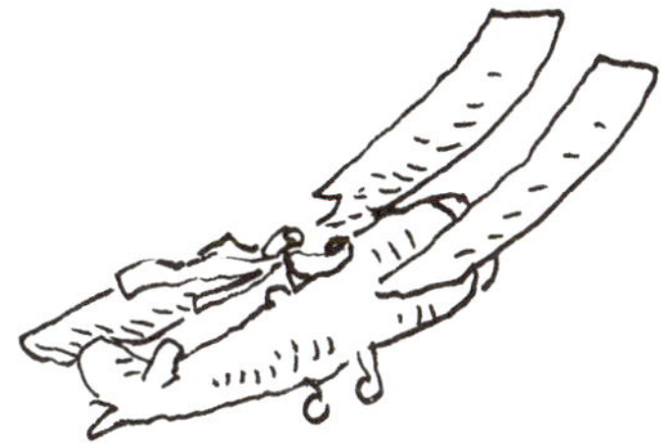

C'est à travers de larges grilles,
Que les femelles du canton
Contemplaient un puissant gorille,
Sans souci du qu'en-dira-t-on ;
Avec impudeur, ces commères
Lorgnaient même un endroit précis
Que, rigoureusement, ma mère
M'a défendu d'nommer ici…
Gare au gorille !…

Tout à coup, la prison bien close,
Où vivait le bel animal,
S'ouvre on n'sait pourquoi (je suppose
Qu'on avait dû la fermer mal) ;
Le singe, en sortant de sa cage,
Dit : « c'est aujourd'hui que j'le perds ! »
Il parlait de son pucelage,
Vous avez deviné, j'espère !
Gare au gorille !…

L'patron de la ménagerie
Criait, éperdu : « Nom de nom !
C'est assommant car le gorille
N'a jamais connu de guenon ! »
Dès que la féminine engeance
Sut que le singe était puceau,
Au lieu de profiter de la chance
Elle fit feu des deux fuseaux !
Gare au gorille !…

Celles-là même qui, naguère,
Le couvaient d'un œil décidé,
Fuirent, prouvant qu'ell's n'avaient guère
De la suite dans les idées ;
D'autant plus vaine était leur crainte,
Que le gorille est un luron
Supérieur à l'homm' dans l'étreinte,
Bien des femmes vous le diront !
Gare au gorille !…

Tout le monde se précipite
Hors d'atteinte du singe en rut,
Sauf une vieille décrépite
Et un jeune juge en bois brut.
Voyant que toutes se dérobent,
Le quadrumane accéléra
Son dandinement vers les robes
De la vieille et du magistrat !
Gare au gorille !...

« Bah ! soupirait la centenaire,
Qu'on pût encor me désirer,
Ce serait extraordinaire,
Et, pour tout dire, inespéré ! »
Le juge pensait, impassible,
« Qu'on me prenn' pour une guenon,
C'est complètement impossible... »
La suite lui prouva que non !
Gare au gorille !...

Supposez que l'un de vous puisse être,
Comme le singe, obligé de
Violer un juge, ou une ancêtre,
Lequel choisirait-il des deux ?
Qu'une alternative pareille,
Un de ces quatre jours, m'échoie,
C'est, j'en suis convaincu, la vieille
Qui sera l'objet de mon choix !
Gare au gorille !...

Mais, par malheur, si le gorille
Aux jeux de l'amour vaut son prix,
On sait qu'en revanche il ne brille
Ni par le goût ni par l'esprit.
Lors, au lieu d'opter pour la vieille,
Comme aurait fait n'importe qui,
Il saisit le juge à l'oreille
Et l'entraîna dans un maquis !
Gare au gorille !...

La suite serait délectable,
Malheureusement, je ne peux
Pas la dire, et c'est regrettable,
Ça nous aurait fait rire un peu ;
Car le juge, au moment suprême,
Criait : « Maman ! », pleurait beaucoup,
Comme l'homme auquel, le jour même,
Il avait fait trancher le cou.
Gare au gorille !...

Le mauvais sujet repenti

Elle avait la taill' faite au tour,
Les hanches pleines,
Et chassait l' mâle aux alentours
De la Mad'leine…
À sa façon d' me dir' : «Mon rat,
Est-c' que j' te tente ?»
Je vis que j'avais affaire à
Un' débutante…

L'avait l' don, c'est vrai, j'en conviens,
L'avait l' génie,
Mais sans technique, un don n'est rien
Qu'un' sal' manie…
Certes, on ne se fait pas putain
Comme on s' fait nonne.
C'est du moins c' qu'on prêche, en latin,
À la Sorbonne…

Me sentant rempli de pitié
Pour la donzelle,
J' lui enseignai, de son métier
Les p'tit's ficelles...
J' lui enseignai l' moyen d' bientôt
Faire fortune,
En bougeant l'endroit où le dos
R'ssemble à la lune...

Car, dans l'art de fair' le trottoir,
Je le confesse,
Le difficile est d' bien savoir
Jouer des fesses...
On n' tortill' pas son popotin
D' la mêm' manière,
Pour un droguiste, un sacristain,
Un fonctionnaire...

Rapidement instruite par
Mes bons offices,
Elle m'investit d'une part
D' ses bénéfices...
On s'aida mutuellement,
Comm' dit l' poète.
Ell' était l' corps, naturell'ment,
Puis moi la tête...

Un soir, à la suite de
Manœuvres douteuses,
Ell' tomba victim' d'une
Maladie honteuse...
Lors, en tout bien, toute amitié,
En fille probe,
Elle me passa la moitié
De ses microbes...

Après des injections aiguës
D'antiseptique,
J'abandonnai l' métier d' cocu
Systématique...
Elle eut beau pousser des sanglots,
Braire à tu'-tête,
Comme je n'étais qu'un salaud,
J' me fis honnête...

Sitôt privé' de ma tutell',
Ma pauvre amie
Courut essuyer du bordel
Les infamies...
Paraît qu'ell' s' vend même à des flics,
Quell' décadence !
Y'a plus d' moralité publiqu'
Dans notre France...

Hécatombe

D
Au marché de Briv'-la-Gaillarde
D7
À propos de bottes d'oignons,
G A D
Quelques douzaines de gaillardes
Bm D E7
Se crêpaient un jour le chignon.
A7 D
À pied, à cheval, en voiture,
D7
Les gendarmes mal inspirés
G A D
Vinrent pour tenter l'aventure
Em A7 D
D'interrompre l'échauffouré'.

Or, sous tous les cieux sans vergogne,
C'est un usag' bien établi,
Dès qu'il s'agit d' rosser les cognes
Tout le monde se réconcili'.
Ces furi's perdant tout' mesure
Se ruèrent sur les guignols,
Et donnèrent, je vous l'assure,
Un spectacle assez croquignol.

En voyant ces braves pandores
Être à deux doigts de succomber,
Moi, j' bichais, car je les adore
Sous la forme de macchabé's.
De la mansarde où je réside,
J'excitais les farouches bras
Des mégères gendarmicides,
En criant : « Hip, hip, hip, hourra ! »

Frénétiqu' l'une d'ell's attache
Le vieux maréchal des logis,
Et lui fait crier : « Mort aux vaches,
Mort aux lois, vive l'anarchi' ! »
Une autre fourre avec rudesse
Le crâne d'un de ses lourdauds
Entre ses gigantesques fesses
Qu'elle serre comme un étau.

La plus grasse de ses femelles
Ouvrant son corsag' dilaté
Matraque à grands coups de mamelles
Ceux qui passent à sa porté'.
Ils tombent, tombent, tombent, tombent,
Et s'lon les avis compétents,
Il paraît que cett' hécatombe
Fut la plus bell' de tous les temps.

Jugeant enfin que leurs victimes
Avaient eu leur content de gnons,
Ces furi's, comme outrage ultime,
En retournant à leurs oignons,
Ces furi's à peine si j'ose
Le dire, tellement c'est bas,
Bm Em A D
Leur auraient mêm' coupé les choses
Em A7 D
Par bonheur ils n'en avaient pas. bis

Le fossoyeur

C Am Cm7 C7 Dm7
Dieu sait qu' je n'ai pas le fond méchant,
G C C+ Am F C D7 G7
Je ne souhait' jamais la mort des gens ;
C7 Gm7
Mais si l'on ne mourait plus,
C F Dm7 E7
J' crèv'rais d' faim sur mon talus…
Am Em F G7 C
J'suis un pauvre fossoyeur.

Les vivants croient qu' je n'ai pas d' remords
À gagner mon pain sur l' dos des morts ;
Mais ça m' tracasse et, d'ailleurs,
J' les enterre à contrecœur…
J'suis un pauvre fossoyeur.

Et plus j' lâch' la bride à mon émoi,
Et plus les copains s'amus'nt de moi ;
Y m' dis'nt : « Mon vieux, par moments,
T'as un' figur' d'enterrement… »
J'suis un pauvre fossoyeur.

J'ai beau m' dir' que rien n'est éternel,
J' peux pas trouver ça tout naturel ;
Et jamais je ne parviens
À prendr' la mort comme ell' vient…
J' suis un pauvre fossoyeur.

Db Bbm Db7 Db7 Ebm7
Ni vu ni connu, brav' mort, adieu !
Ab Db Db+ Bbm Gb Db Eb7
Si du fond d' la terre on voit l' Bon Dieu,
Db7 Abm7
Dis-lui l'mal que m'a coûté
Db Gb Ebm7 F7
La dernière pelleté'…
Bbm Fm Gb Ab7 Db
J'suis un pauvre fossoyeur.
A- Bbm Fm Gb Ab7
J'suis un pauvre fossoyeur.

Le parapluie

A
Il pleuvait fort sur la grand-route,
F#7 Bm
Ell' cheminait sans parapluie,
E7 A
J'en avait un, volé sans doute
E7 A
Le matin même à un ami ;
A
Courant alors à sa rescousse,
F#7 Bm
Je lui propose un peu d'abri
E7 A
En séchant l'eau de sa frimousse,
E7 A
D'un air très doux, ell' m'a dit oui.

Refrain

Bm E7
Un p'tit coin d' parapluie,
A
Contre un coin d' paradis.
Bm E7 A
Elle avait quelque chos' d'un ange,
Bm E7
Un p'tit coin d' paradis,
A
Contre un coin d' parapluie.
Bm7 E7 A
Je n' perdais pas au chang', pardi !

Chemin faisant que ce fut tendre
D'ouïr à deux le chant joli
Que l'eau du ciel faisait entendre
Sur le toit de mon parapluie !
J'aurais voulu, comme au déluge,
Voir sans arrêt tomber la pluie,
Pour la garder sous mon refuge
Quarante jours, quarante nuits.

Refrain

Mais bêtement, même en orage,
Les routes vont vers des pays ;
Bientôt le sien fit un barrage
À l'horizon de ma folie.
Il a fallu qu'elle me quitte,
Après m'avoir dit grand merci.
Et je l'ai vu', toute petite,
Partir gaiement vers mon oubli.

Refrain

Corne d'Aurochs

F Bb F
Il avait nom Corne d'Aurochs, ô gué ! ô gué !
Dm7 G7 C7 F
Tout l' mond' peut pas s'app'ler Durand, ô gué ! ô gué !
F Bb F
Il avait nom Corne d'Aurochs, ô gué ! ô gué !
Dm7 G7 C7 F
Tout l' mond' peut pas s'app'ler Durand, ô gué ! ô gué !

C7 Bb Ebm C7
En le regardant avec un œil de poète,
Bb Ebm C7
On aurait pu croire, à son frontal de prophète,
Dm7 Eb- C7 Gm7
Qu'il avait les grand's eaux de Versaill's dans la tête,
C7
Corne d'Aurochs.

Mais que le Bon Dieu lui pardonne, ô gué ! ô gué !
C'étaient celles du robinet ! ô gué ! ô gué !
Mais que le Bon Dieu lui pardonne, ô gué ! ô gué !
C'étaient celles du robinet ! ô gué ! ô gué !

On aurait pu croire, en l' voyant penché sur l'onde,
Qu'il se plongeait dans des méditations profondes,
Sur l'aspect fugitif des choses de ce monde…
Corne d'Aurochs.

C'était hélas pour s'assurer, ô gué ! ô gué !
Qu' le vent n' l'avait pas décoiffé, ô gué ! ô gué !
C'était hélas pour s'assurer, ô gué ! ô gué !
Qu' le vent n' l'avait pas décoiffé, ô gué ! ô gué !

Il proclamait à son de trompe à tous les carrefours :
«Il n'y a qu' les imbéciles qui sachent bien faire l'amour,
La virtuosité, c'est une affaire de balourds !»
Corne d'Aurochs.

Il potassait à la chandel', ô gué ! ô gué !
Des traités de maintien sexuel, ô gué ! ô gué !
Et sur les femm's nues des musées, ô gué ! ô gué !
Faisait l' brouillon de ses baisers, ô gué ! ô gué !

Petit à petit, ô gué ! ô gué !
On a tout su, tout su de lui, ô gué ! ô gué !
On a su qu'il était enfant de la patrie...
Qu'il était incapable de risquer sa vie
Pour cueillir un myosotis à une fille,
Corne d'Aurochs.

Qu'il avait un petit cousin, ô gué ! ô gué !
Haut placé chez les argousins, ô gué ! ô gué !
Et que les jours de pénuri', ô gué ! ô gué !
Il prenait ses repas chez lui, ô gué ! ô gué !

C'est même en revenant d' chez cet antipathique,
Qu'il tomba victim' d'une indigestion critique
Et refusa l' secours de la thérapeutique,
Corne d'Aurochs.

Parc' que c'était à un All'mand, ô gué ! ô gué !
Qu'on devait le médicament, ô gué ! ô gué !
Parc' que c'était à un All'mand, ô gué ! ô gué !
Qu'on devait le médicament, ô gué ! ô gué !

Il rendit comm' il put son âme machinale,
Et sa vi' n'ayant pas été originale,
L'État lui fit des funérailles nationales...
Corne d'Aurochs.

Alors sa veuve en gémissant, ô gué ! ô gué !
Coucha-z-avec son remplaçant, ô gué ! ô gué ! bis

La chasse aux papillons

A A+ D
Un bon petit diable à la fleur de l'âge,
E7 A D A E7
La jambe légère et l'œil polisson,
A A+ D
Et la bouche pleine de joyeux ramages,
E7 A F7# Em E7 A
Allait à la chasse aux papillons.

Comme il atteignait l'oré' du village,
Filant sa quenouille, il vit Cendrillon;
Il lui dit: «Bonjour, que Dieu te ménage,
J't'emmène à la chasse aux papillons.»

A7 D A7 D
Cendrillon, ravi' de quitter sa cage,
A7 D A7 D
Met sa robe neuve et ses botillons;
F#7 Bm F#7 Bm
Et, bras d'ssus bras d'ssous, vers les frais bocages
F#m G#7 C#
Ils vont à la chasse aux papillons.

Il ne savait pas que, sous les ombrages,
Se cachait l'amour et son aiguillon,
Et qu'il transperçait les cœurs de leur âge,
Les cœurs des chasseurs de papillons.

Quand il se fit tendre, ell' lui dit: «J'présage
Qu' c'est pas dans les plis de mon cotillon,
Ni dans l'échancrure de mon corsage,
Qu'on va-t-à la chasse aux papillons.»

Sur sa bouche en feu qui criait: «Sois sage!»
Il posa sa bouche en guis' de bâillon;
Et c'fut l'plus charmant des remu'-ménage
Qu'on ait vu d'mémoir' de papillon.

Un volcan dans l'âme, i' r'vinrent au village
En se promettant d'aller des millions,
Des milliards de fois, et mêm' davantage
Ensemble à la chasse aux papillons.

Mais tant qu'ils s'aim'ront, tant que les nuages,
Porteurs de chagrins, les épargneront,
Il f'ra bon voler dans les frais bocages,
Ils f'ront pas la chasse aux papillons.

maman papa

E E- E G#7
Maman, maman, en faisant cette chanson,
C#m F#m C#m G#7
Maman, maman, je redeviens petit garçon,
C#m G#m
Alors je suis sage en classe
C#m F#m
Et, pour te fair' plaisir,
C#m G#7
J'obtiens les meilleures places,
C#m C- B7
Ton désir.
E E- E G#7
Maman, maman, je préfère à mes jeux fous,
C#m F#m C#m G#7
Maman, maman, demeurer sur tes genoux,
A D7 E C#7
Et, sans un mot dire, entendre tes refrains charmants,
F#m C7 B7 E
Maman, maman, maman, maman.

Papa, papa, en faisant cette chanson,
Papa, papa, je r'deviens petit garçon,
Et je t'entends sous l'orage
User tout ton humour
Pour redonner du courage
À nos cœurs lourds.
Papa, papa, il n'y eut pas entre nous,
Papa, papa, de tendresse ou de mots doux,
Pourtant on s'aimait, bien qu'on ne se l'avouât pas,
Papa, papa, papa, papa.

Maman, papa, en faisant cette chanson,
Maman, papa, je r'deviens petit garçon,
Et, grâce à cet artifice,
Soudain je comprends
Le prix de vos sacrifices,
Mes parents.
Maman, papa, toujours je regretterai,
Maman, papa, de vous avoir fait pleurer
Au temps où nos cœurs ne se comprenaient encor' pas,
Maman, papa, maman, papa.

V

la cane de Jeanne

A F#m7
La cane
Bm E7
De Jeanne
A F#m7 Bm
Est morte au gui l'an neuf…
E7 A F#m7
L'avait pondu, la veille,
Bm E7
Merveille!
A F#m7 Bm E7
Un œuf.

La cane
De Jeanne
Est morte d'avoir fait,
Du moins on le présume,
Un rhume,
Mauvais!

C#m
La cane
G#7
De Jeanne
C#m C#7 F#m7
Est morte sur son œuf,
G#7 C#m
Et dans son beau costume
D#7 G#7
De plumes,
C#m
Tout neuf!

La cane
De Jeanne,
Ne laissant pas de veuf,
C'est nous autres qui eûmes
Les plumes,
Et l'œuf!

Tous, toutes,
Sans doute,
Garderons longtemps le
Souvenir de la cane
de Jeanne
Morbleu!

le vent

F#7 Bm
Si par hasard,
G
Sur l' pont des Arts,
F#7
Tu crois's le vent, le vent fripon,
Bm
Prudenc', prends garde à ton jupon !

Refrain
F#7 Bm
Si par hasard
G
Sur l' pont des Arts,
F#7
Tu crois's le vent, le vent maraud,
Bm
Prudent, prends garde à ton chapeau !

Bm F#7
Les jean-foutre et les gens probes
Bm
Médis'nt du vent furibond
Em F#7 Bm
Qui rebrousse les bois,
Em
Détrouss' les toits,
F#7 Bm F#7
Retrouss' les robes
Bm F#7
Des jean-foutre et des gens probes,
Bm
Le vent, je vous en réponds
Em F#7 Bm6 C#7 F#7
S'en soucie, et c'est justic', comm' de colin-tampon!

Refrain

Bien sûr si l'on ne se fonde
Que sur ce qui saute aux yeux,
Le vent semble une brut' raffolant de nuire à tout l' monde
Mais une attention profonde
Prouv' que c'est chez les fâcheux
Qu'il préfèr' choisir les victim's de ces petits jeux!

Refrain

Pauvre Martin

Bm
Avec une bêche à l'épaule,
Avec à la lèvre un doux chant,
Avec à la lèvre un doux chant,
Em A7 D
Avec à l'âme un grand courage,
Bm F#7
Il s'en allait trimer aux champs !

Em6 F#7 Bm
Pauvre Martin, pauvre misère,
Em6/C# F#7 Bm
Creuse la terr', creuse le temps !

Pour gagner le pain de sa vie,
De l'aurore jusqu'au couchant,
De l'aurore jusqu'au couchant,
Il s'en allait bêcher la terre
En tous les lieux, par tous les temps !

Pauvre Martin, pauvre misère,
Creuse la terr', creuse le temps !

Sans laisser voir sur son visage
Ni l'air jaloux ni l'air méchant,
Ni l'air jaloux ni l'air méchant,
Il retournait le champ des autres,
Toujours bêchant, toujours bêchant !

Pauvre Martin, pauvre misère,
Creuse la terr', creuse le temps

Et quand la mort lui a fait signe
De labourer son dernier champ,
De labourer son dernier champ,
Il creusa lui-même sa tombe
En faisant vite, en se cachant…

Pauvre Martin, pauvre misère,
Creuse la terr', creuse le temps !

Il creusa lui-même sa tombe
En faisant vite, en se cachant,
En faisant vite, en se cachant,
Et s'y étendit sans rien dire
Pour ne pas déranger les gens…

Pauvre Martin, pauvre misère,
Dors sous la terr', dors sous le temps !

il suffit de passer le pont

A D#− A F#
Il suffit de passer le pont,
Bm E7 A
C'est tout de suite l'aventure !
F#m Bm
Laisse-moi tenir ton jupon,
E7 A
J' t'emmèn' visiter la nature !
A D#− A F#
L'herbe est douce à Pâques fleuri's…
Bm E7 A
Jetons mes sabots, tes galoches,
F#m Bm
Et, légers comme des cabris,
E A
Courons après les sons de cloches !
A7 D A
Ding ding dong ! les matines sonnent
D A
En l'honneur de notre bonheur,
A7 D A
Ding ding dong ! faut l' dire à personne :
D E E7
J'ai graissé la patte au sonneur.

Laisse-moi tenir ton jupon,
Courons, guilleret, guillerette,
Il suffit de passer le pont,
Et c'est le royaum' des fleurettes…
Entre tout's les bell's que voici,
Je devin' cell' que tu préfères…
C'est pas l' coquelicot, Dieu merci !
Ni l' coucou, mais la primevère.
J'en vois un' blotti' sous les feuilles,
Elle est en velours comm' tes jou's.
Fais le guet pendant qu' je la cueille :
« Je n'ai jamais aimé que vous ! »

Il suffit de trois petits bonds,
C'est tout de suit' la tarentelle.
Laisse-moi tenir ton jupon,
J'saurai ménager tes dentelles…
J'ai graissé la patte au berger
Pour lui fair' jouer une aubade.
Lors, ma mi', sans croire au danger,
Faisons mille et une gambades,
C7 F Dm C
Ton pied frappe et frappe la mousse…
F Dm C C7
Si l' chardon s'y pique dedans,
F Dm C C7
Ne pleure pas, ma mi' qui souffre :
F Dm G
Je te l'enlève avec les dents !

C A7
On n'a plus rien à se cacher,
Dm G7 C
On peut s'aimer comm' bon nous semble,
Am Dm
Et tant mieux si c'est un péché :
Am G7 C
Nous irons en enfer ensemble !

Am Dm
Il suffit de passer le pont,
Am G7 C
Laisse-moi tenir ton jupon.
Am Dm
Il suffit de passer le pont,
Am G7 C G7 C
Laisse-moi tenir ton jupon.

le nombril des femmes d'agent

Voir le nombril d' la femm' d'un flic
N'est certain'ment pas un spectacle
Qui du point d' vu' de l'esthétiqu',
Puiss' vous élever au pinacle...
Il y eut pourtant, dans l' vieux Paris,
Un honnête homme sans malice
Brûlant d' contempler le nombril
D' la femm' d'un agent de police...

«Je me fais vieux, gémissait-il,
Et, durant le cours de ma vie
J'ai vu bon nombre de nombrils
De toutes les catégories:
Nombrils d' femm's de croqu'-morts, nombrils
D' femm's de bougnats, d' femm's de jocrisses.
Mais je n'ai jamais vu celui
D' la femm' d'un agent de police...

«Mon père a vu, comm' je vous vois,
Des nombrils de femm's de gendarmes.
Mon frère a goûté plus d'un' fois
De ceux des femmes d'inspecteurs, les charmes...
Mon fils vit le nombril d' la souris
D'un ministre de la Justice...
Et moi, j' n'ai même pas vu l' nombril
D' la femm' d'un agent de police...»

Ainsi gémissait en public
Cet honnête homme vénérable,
Quand la légitime d'un flic,
Tendant son nombril secourable,
Lui dit : «Je m'en vais mettre fin
À votre pénible supplice,
Vous fair' voir le nombril enfin
D' la femm' d'un agent de police...»

«Alléluia! fit le bon vieux,
De mes tourments voici la trêve!
Grâces soient rendu's au Bon Dieu,
Je vais réaliser mon rêve!»
Il s'engagea tout attendri,
Sous les jupons d' sa bienfaitrice,
Braqués ses yeux sur le nombril
D' la femm' d'un agent de police...

Mais hélas! il était rompu
Par les effets de sa hantise.
Et comme il atteignait le but
De cinquante ans de convoitise,
La mort, la mort, la mort, le prit
Sur l'abdomen de sa complice:
Il n'a jamais vu le nombril
D' la femm' d'un agent de police...

les amoureux des bancs publics

Les gens qui voient de travers
Pensent que les bancs verts
Qu'on voit sur les trottoirs
Sont faits pour les impotents ou les ventripotents.
Mais c'est une absurdité,
Car, à la vérité,
Ils sont là c'est notoir'
Pour accueillir quelque temps les amours débutant's.

F#m C#m
Les amoureux qui s' bécot'nt sur les bancs publics,
B7 C#m
Bancs publics, bancs publics,
D A
En s' foutant pas mal du regard oblique
E7 A
Des passants honnêtes,
Refrain
F#7 C#m
Les amoureux qui s' bécot'nt sur les bancs publics,
B7 C#m
Bancs publics, bancs publics,
D A
En s' disant des «Je t'aim'» pathétiques
E7 A
Ont des p'tit's gueul' bien sympatiques!

Ils se tiennent par la main
Parlent du lendemain,
Du papier bleu d'azur
Que revêtiront les murs de leur chambre à coucher…
Ils se voient déjà, douc'ment,
Ell' cousant, lui fumant,
Dans un bien-être sûr,
Et choisissant les prénoms de leur premier bébé…

Refrain

Quand la saint' famill' Machin
Croise sur son chemin
Deux de ces malappris,
Ell' leur décoch' hardiment des propos venimeux…
N'empêch' que tout' la famille
(Le pèr', la mèr,' la fille, le fils, le Saint-Esprit…)
Voudrait bien, de temps en temps,
Pouvoir s' conduir' comme eux.

Refrain

Quand les mois auront passé,
Quand seront apaisés
Leurs beaux rêves flambants,
Quand leur ciel se couvrira de gros nuages lourds,
Ils s'apercevront, émus,
Qu' c'est au hasard des ru's
Sur un d' ces fameux bancs,
Qu'ils ont vécu le meilleur morceau de leur amour…

Refrain

Brave Margot

A7
Margonton, la jeune bergère,
D
Trouvant dans l'herbe un petit chat
Bm7
Qui venait de perdre sa mère,
E7 A7
L'adopta…
Elle entrouvre sa collerette
D
Et le couche contre son sein.
Bm7 Em
C'était tout c' quelle avait, pauvrette,
A7 D
Comm' coussin…
Bm F#m
Le chat, la prenant pour sa mère,
Bm F#m
Se mit à téter tout de go.
Bm F#m
Ému', Margot le laissa faire…
Bm
Brav' Margot !
F#m
Un croquant, passant à la ronde,
Bm F#m
Trouvant le tableau peu commun,
Bm F#m
S'en alla le dire à tout l' monde,
E7 A7
Et, le lendemain…

Refrain

A7 D
Quand Margot dégrafait son corsage
D- D
Pour donner la gougoutte à son chat,
B7 E7 A7
Tous les gars, tous les gars du village,
D
Étaient là, la la la la la la…
Bb7 D
Étaient là, la la la la la…
Et Margot, qu'était simple et très sage,
Présumait qu' c'était pour voir son chat
Qu' tous les gars, qu' tous les gars du village,
Étaient là, la la la la la la…
Étaient là, la la la la la. ..

L' maître d'école et ses potaches,
Le mair', le bedeau, le bougnat,
Négligeaient carrément leur tâche
Pour voir ça…
Le facteur, d'ordinair' si preste,
Pour voir ça, ne distribuait plus
Les lettres que personne, au reste,
N'aurait lues…
Pour voir ça (Dieu le leur pardonne !)
Les enfants de chœur, au milieu
Du saint sacrifice, abandonnent
Le saint lieu…
Les gendarmes, mêm' les gendarmes,
Qui sont par natur' si ballots,
Se laissaient toucher par les charmes
Du joli tableau…

Refrain

Mais les autr's femm's de la commune,
Privé's d'leurs époux, d'leurs galants,
Accumulèrent la rancune,
Patiemment…
Puis un jour, ivres de colère,
Elles s'armèrent de bâtons
Et, farouch's, elles immolèrent
Le chaton…
La bergère, après bien des larmes,
Pour s'consoler prit un mari,
Et ne dévoila plus ses charmes
Que pour lui…
Le temps passa sur les mémoires,
On oublia l'événement,
Seuls des vieux racontent encore
À leurs p'tits enfants…

Refrain

j'ai rendez-vous avec vous

A E7 A E7
Monseigneur l'astre solaire,
A E7 A A+
Comm' je n' l'admir' pas beaucoup,
D E7
M'enlèv' son feu, oui mais, d' son feu, moi j' m'en fous,
Bm F#7
J'ai rendez-vous avec vous!
Bm
La lumièr' que je préfère,
F#7 Bm
C'est cell' de vos yeux jaloux.
F#7 Bm
Tout le restant m'indiffère,
E7 A
J'ai rendez-vous avec vous!

Monsieur mon propriétaire,
Comm' je lui dévaste tout,
M' chass' de son toit, oui mais, d' son toit, moi j' m'en fous,
J'ai rendez-vous avec vous!
La demeur' que je préfère,
C'est votre robe à froufrous.
Tout le restant m'indiffère,
J'ai rendez-vous avec vous!

Madame ma gargotière,
Comm' je lui dois trop de sous,
M' chass' de sa tabl', oui mais, d' sa tabl', moi j'm'en fous,
J'ai rendez-vous avec vous!
Le menu que je préfère,
C'est la chair de votre cou.
Tout le restant m'indiffère,
J'ai rendez-vous avec vous!

Sa Majesté financière,
Comm' je n' fais rien à son goût,
Garde son or, or, de son or, moi j' m'en fous,
J'ai rendez-vous avec vous!
La fortun' que je préfère,
C'est votre cœur d'amadou.
Tout le restant m'indiffère,
J'ai rendez-vous avec vous!

P… de toi

C A7 Dm7 G7 C G7
En ce temps-là, je vivais dans la lune,
C Eb- G7 C C#- G Dm7
Les bonheurs d'ici-bas m'étaient tous défendus,
G7 C A7 Dm7 G7 C G7
Je semais des violett's et chantais pour des prunes
C Eb-Dm7 G7 C
Et tendais la patte aux chats perdus…

C Am E7
Ah ah ah ah ! putain de toi !
Refrain F6 Dm7 G7 C
Ah ah ah ah ah ah ! pauvre de moi…

Un soir de plui', v'là qu'on gratte à ma porte,
Je m'empresse d'ouvrir (sans doute un nouveau chat !)
Nom de Dieu ! l' beau félin que l'orage m'apporte,
C'était toi, c'était toi, c'était toi…

Refrain

Les yeux fendus et couleur pistache,
T'as posé sur mon cœur ta patte de velours…
Fort heureus'ment pour moi, t'avais pas de moustache
Et ta vertu ne pesait pas trop lourd…

Refrain

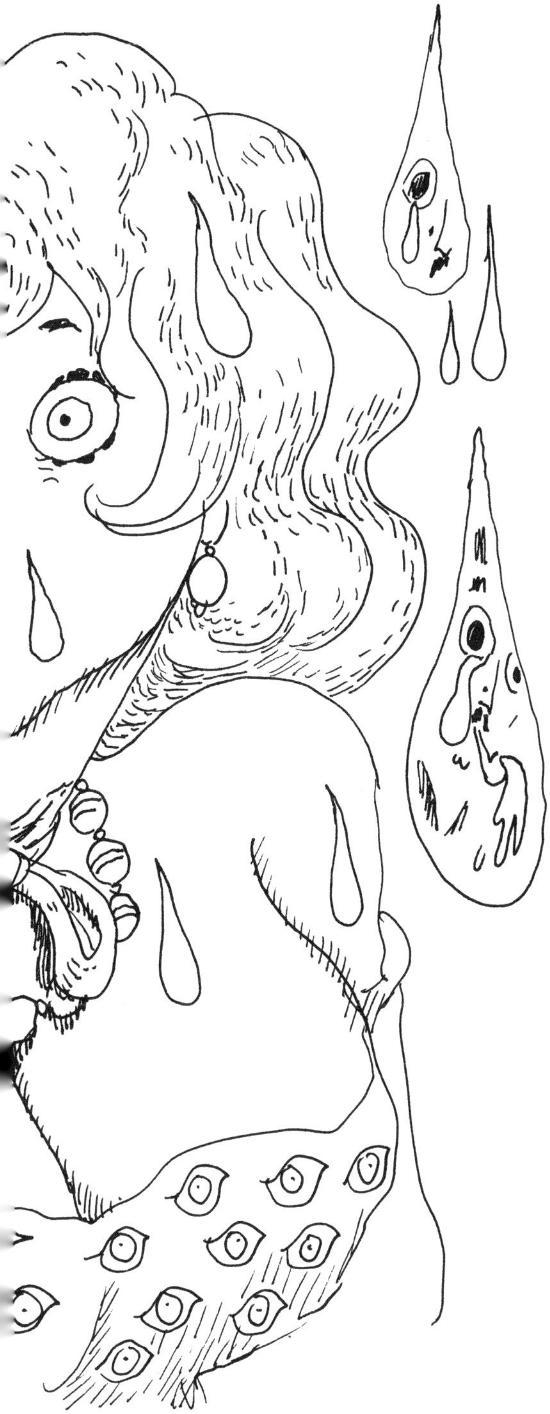

Aux quatre coins de ma vi’ de bohème,
Tu as prom’né, tu as prom’né le feu de tes vingt ans,
Et pour moi, pour mes chats, pour mes fleurs, mes poèmes
C’était toi la pluie et le beau temps…

Refrain

Mais le temps passe et fauche à l’aveuglette,
Notre amour mûrissait à peine que, déjà,
Tu brûlais mes chansons, crachais sur mes violettes,
Et faisais des misères à mes chats…

Refrain

Le comble enfin, misérable salope,
Comme il n’ restait plus rien dans le garde-manger,
T’as couru sans vergogne, et pour une escalope,
Te jeter dans le lit du boucher !

Refrain

C’était fini, t’avais passé les bornes,
Et, r’nonçant aux amours frivoles d’ici-bas,
J’ suis r’monté dans la lune en emportant mes cornes,
Mes chansons, et mes fleurs, et mes chats…

Refrain

chanson pour l'Auvergnat

Bm F#7
Elle est à toi, cette chanson,
Bm
Toi, l'Auvergnat qui, sans façon,
F#7
M'as donné quatre bouts de bois
Bm A7 D
Quand, dans ma vie, il faisait froid;
Toi qui m'as donné du feu quand
Les croquantes et les croquants,
Tous les gens bien intentionnés,
M'avaient fermé la porte au nez…
D G A7 D
Ce n'était rien qu'un feu de bois,
Bm Em F#7 Bm
Mais il m'avait chauffé le corps,
F#7 Bm
Et dans mon âme il brûle encor'
G F#7
À la manièr' d'un feu de joi'.

Bm F#7
Toi, l'Auvergnat, quand tu mourras,
Bm
Quand le croqu'-mort t'emportera,
E7 A G
Qu'il te conduise, à travers ciel,
F#7 Bm
Au Père éternel.

Elle est à toi, cette chanson,
Toi, l'Hôtesse qui, sans façon,
M'as donné quatre bouts de pain
Quand, dans ma vie, il faisait faim;
Toi qui m'ouvris ta huche quand
Les croquantes et les croquants,
Tous les gens bien intentionnés,
S'amusaient à me voir jeûner…
Ce n'était rien qu'un peu de pain,
Mais il m'avait chauffé le corps,
Et dans mon âme il brûle encor'
À la manièr' d'un grand festin.

Toi, l'Hôtesse, quand tu mourras,
Quand le croqu'-mort t'emportera,
Qu'il te conduise, à travers ciel,
Au Père éternel.

Elle est à toi, cette chanson,
Toi, l'Étranger qui, sans façon
D'un air malheureux m'as souri
Lorsque les gendarmes m'ont pris ;
Toi qui n'as pas applaudi quand
Les croquantes et les croquants,
Tous les gens bien intentionnés,
Riaient de me voir amené…
Ce n'était rien qu'un peu de miel,
Mais il m'avait chauffé le corps,
Et dans mon âme il brûle encor'
À la manièr' d'un grand soleil.

Toi, l'Étranger, quand tu mourras,
Quand le croqu'-mort t'emportera,
Qu'il te conduise, à travers ciel,
Au Père éternel.

Les sabots d'Hèlène

Em
Les sabots d'Hélène
A7 D
Étaient tout crottés.
Bm Em
Les trois capitaines
A7 D
L'auraient appelé' vilaine.
Em
Et la pauvre Hélène
Em/G F#
Était comme une âme en peine…
Bm F# Bm
Ne cherche plus longtemps de fontaine,
Em/G Em F#
Toi qui as besoin d'eau,
Bm F# Bm
Ne cherche plus : aux larmes d'Hélène
E7 A7 D
Va-t'en remplir ton seau.

Em
Moi j'ai pris la peine
A7 D
De les déchausser,
Bm Em
Les sabots d'Hélèn'
A7 D
Moi qui ne suis pas capitaine.
Em
Et j'ai vu ma peine
Em/G F#
Bien récompensée…
Bm F# Bm
Dans les sabots de la pauvre Hélène,
Em/G Em F#
Dans ses sabots crottés,
Bm F# Bm
Moi j'ai trouvé les pieds d'une reine
Bm7 E7 A7 D
Et je les ai gardés.

Son jupon de laine
Était tout mité.
Les trois capitaines
L'auraient appelé' vilaine.
Et la pauvre Hélène
Était comme une âme en peine…
Ne cherche plus longtemps de fontaine,
Toi qui as besoin d'eau,
Ne cherche plus : aux larmes d'Hélène
Va-t'en remplir ton seau.

Moi j'ai pris la peine
De le retrousser,
Le jupon d'Hélèn',
Moi qui ne suis pas capitaine
Et j'ai vu ma peine
Bien récompensée…
Sous les jupons de la pauvre Hélène
Sous son jupon mité,
Moi j'ai trouvé des jambes de reine
Et je les ai gardées.

Et le cœur d'Hélène
N'savait pas chanter.
Les trois capitaines
L'auraient appelé' vilaine
Et la pauvre Hélène
Était comme une âme en peine…
Ne cherche plus longtemps de fontaine,
Toi qui as besoin d'eau,
Ne cherche plus : aux larmes d'Hélène,
Va-t'en remplir ton seau.

Moi j'ai pris la peine
De m'y arrêter,
Dans le cœur d'Hélène,
Moi qui ne suis pas capitaine.
Et j'ai vu ma peine
Bien récompensée…
Et, dans le cœur de la pauvre Hélène,
Qui avait jamais chanté,
Moi j'ai trouvé l'amour d'une reine
Et moi je l'ai gardé.

une jolie fleur

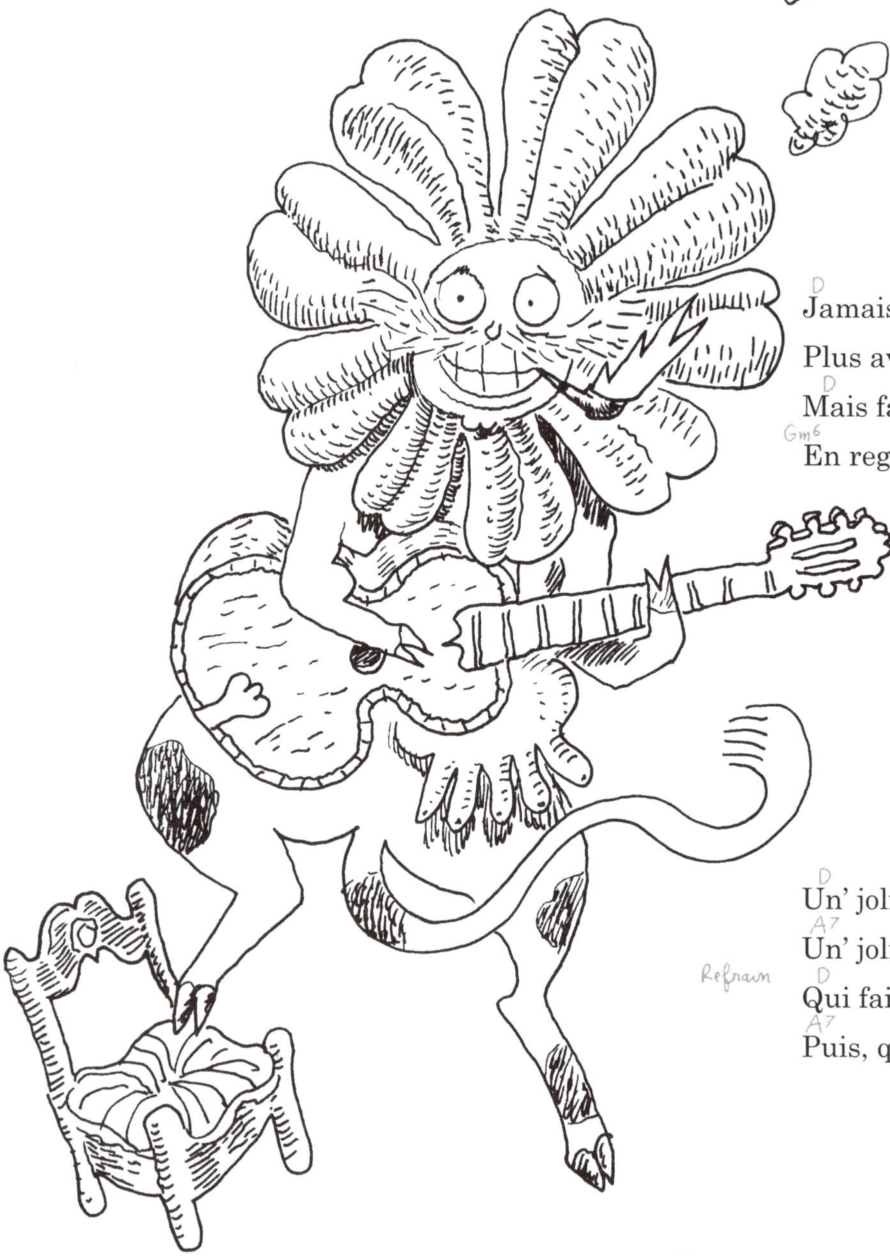

D A7
Jamais sur terre il n'y eut d'amoureux
D
Plus aveugle que moi dans tous les âges,
D D7 G
Mais faut dir' qu' je m'étais crevé les yeux
Gm6 A7 D
En regardant de trop près son corsage…

Refrain

D A7
Un' jolie fleur dans une peau d' vache,
A7 D
Un' jolie vach' déguisée en fleur,
D B7 E7
Qui fait la belle et qui vous attache,
A7 D
Puis, qui vous mèn' par le bout du cœur…

Le ciel l'avait pourvue des mille appas
Qui vous font prendre feu dès qu'on y touche,
L'en avait tant que je ne savais pas
Ne savais plus où donner de la bouche...

Refrain

Ell' n'avait pas de tête, ell' n'avait pas
L'esprit beaucoup plus grand qu'un dé à coudre,
Mais pour l'amour on ne demande pas
Aux filles d'avoir inventé la poudre...

Refrain

Puis un jour elle a pris la clef des champs
En me laissant à l'âme un mal funeste,
Et toutes les herbes de la Saint-Jean
N'ont pas pu me guérir de cette peste...

Refrain

J' lui en ai bien voulu mais, à présent,
J'ai plus d' rancune et mon cœur lui pardonne
D'avoir mis mon cœur à feu et à sang
Pour qu'il ne puisse plus servir à personne...

Refrain

je suis un voyou

Gm7 C7 F G C
Ci-gît au fond de mon cœur une histoire ancienne,
Gm7 C7 F G C
Un fantôme, un souvenir d'une que j'aimais…
Gm7 C7 F G C
Le temps, à grands coups de faux, peut faire des siennes,
Gm7 C7 F G7 C
Mon bel amour dure encore, et c'est à jamais…

C Dm7
J'ai perdu la tramontane
G7 C
En trouvant Margot,
Bb A7 Dm7
Princesse vêtu' de laine,
G7 C
Déesse en sabots…
Am Dm7
Si les fleurs, le long des routes,
G7 C
S' mettaient à marcher,
F6
C'est à la Margot, sans doute,
Dm7 C G7 C
Qu'ell's feraient songer…
Am Em
J' lui ai dit: «De la Madone,
Am Em
Tu es le portrait!»
Am Em
Le Bon Dieu me le pardonne,
D7 G
C'était un peu vrai…
C Dm7
Qu'il me pardonne ou non,
G7 C
D'ailleurs, je m'en fous,
Bb A7 Dm7
J'ai déjà mon âme en peine:
C G7 C
Je suis un voyou.

La mignonne allait aux vêpres
Se mettre à genoux.
Alors j'ai mordu ses lèvres
Pour savoir leur goût...
Ell' m'a dit, d'un ton sévère :
« Qu'est-ce que tu fais là ? »
Mais elle m'a laissé faire,
Les fill's, c'est comm' ça...
J' lui ai dit : « Par la Madone,
Reste auprès de moi ! »
Le Bon Dieu me le pardonne,
Mais chacun pour soi...
Qu'il me pardonne ou non,
D'ailleurs, je m'en fous,
J'ai déjà mon âme en peine :
Je suis un voyou.

C'était une fille sage,
À « bouch', que veux-tu ? »
J'ai croqué dans son corsage
Les fruits défendus...
Ell' m'a dit d'un ton sévère :
« Qu'est-ce que tu fais là ? »
Mais elle m'a laissé faire,
Les fill's, c'est comm' ça...
Puis, j'ai déchiré sa robe,
Sans l'avoir voulu...
Le Bon Dieu me le pardonne,
Je n'y tenais plus !
Qu'il me pardonne ou non,
D'ailleurs, je m'en fous,
J'ai déjà mon âme en peine :
Je suis un voyou.

J'ai perdu la tramontane
En perdant Margot,
Qui épousa, contre son âme,
Un triste bigot...
Elle doit avoir à l'heure,
À l'heure qu'il est,
Deux ou trois marmots qui pleurent
Pour avoir leur lait...
Et, moi, j'ai tété leur mère
Longtemps avant eux...
Le Bon Dieu me le pardonne,
J'étais amoureux !
Qu'il me pardonne ou non,
D'ailleurs, je m'en fous,
J'ai déjà mon âme en peine :
Je suis un voyou.

La première fille

D
J'ai tout oublié des campagnes
F#7 Bm
D'Austerlitz et de Waterloo,
G F#7 Bm E7
D'Itali', de Prusse et d'Espagne,
A7 D E7
De Pontoise et de Landerneau !

A
Jamais de la vie
E9 A6 E7
On ne l'oubliera,
A
La première fill'
F#m C#m
Qu'on a pris' dans ses bras,
D A F#m
La première étrangère
Bm C#7
À qui l'on a dit « tu »
F#m
– Mon cœur, t'en souviens-tu ? –
B7 E7
Comme ell' nous était chère...
A
Qu'ell' soit fille honnête
E9 A6 E7
Ou fille de rien,
A
Qu'elle soit pucelle
F#m C#7
Ou qu'elle soit putain,
D A
On se souvient d'elle,
Bm C#7
On s'en souviendra,
F#m B7
D'la première fill'
E7 A
Qu'on a pris' dans ses bras.

Ils sont partis à tire-d'aile
Mes souvenirs de la Suzon,
Et ma mémoire est infidèle
À Juli', Rosette ou Lison !

Jamais de la vie
On ne l'oubliera,
La première fill'
Qu'on a pris' dans ses bras,
C'était un' bonne affaire
– Mon cœur, t'en souviens-tu ? –
J'ai changé ma vertu
Contre une primevère...
Qu' ce soit en grand' pompe
Comme les gens « bien »,
Ou bien dans la ru',
Comm' les pauvre' et les chiens,
On se souvient d'elle,
On s'en souviendra,
D'la première fill'
Qu'on a pris' dans ses bras.

Toi, qui m'as donné le baptême
D'amour et de septième ciel,
Moi, je te garde et, moi, je t'aime,
Dernier cadeau du pèr' Noël !

Jamais de la vie
On ne l'oubliera,
La première fill'
Qu'on a pris' dans ses bras,
On a beau fair' le brave,
Quand ell' s'est mise nue
– Mon cœur, t'en souviens-tu ? –
On n'en menait pas large...
Bien d'autres, sans doute,
Depuis, sont venues,
Oui, mais, entre tout's
Celles qu'on a connues,
Elle est la dernière
Que l'on oubliera,
La première fill'
Qu'on a pris' dans ses bras.

La mauvaise herbe

D G6 A7 D
Quand l' jour de gloire est arrivé,
Bm G A7 D
Comm' tous les autr's étaient crevés,
D7 Em7 F#7 Bm
Moi seul connus le déshonneur
G D A7 Dm
De n' pas êtr' mort au champ d'honneur.

A7 Dm
Je suis d'la mauvaise herbe,
A7
Braves gens, braves gens,
C'est pas moi qu'on rumine
Dm
Et c'est pas moi qu'on met en gerbe…
A7 Dm
La mort faucha les autres,
A7
Braves gens, braves gens,
Et me fit grâce à moi,
Dm
C'est immoral et c'est comm' ça !
D7 Gm C7 F
La la la la la la la la
Gm6 A7
La la la la la la la la
Et je m' demand'
Gm
Pourquoi, Bon Dieu,
A7
Ça vous dérange
Dm
Que j' vive un peu…
Et je m' demand'
Gm
Pourquoi, Bon Dieu,
Dm
Ça vous dérange
A7 D
Que j' vive un peu…

La fille à tout l' monde a bon cœur,
Ell' me donne, au petit bonheur,
Les p'tits bouts d' sa peau, bien cachés,
Que les autres n'ont pas touchés.

Je suis d' la mauvaise herbe,
Braves gens, braves gens,
C'est pas moi qu'on rumine
Et c'est pas moi qu'on met en gerbe…
Elle se vend aux autres,
Braves gens, braves gens,
Elle se donne à moi,
C'est immoral et c'est comme ça !
La la la la la la la la
La la la la la la la la
Et je m' demand'
Pourquoi, Bon Dieu,
Ça vous dérange
Qu'on m'aime un peu… (bis)

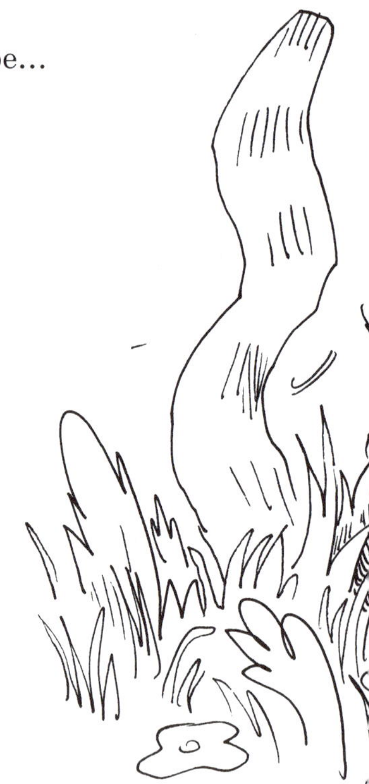

Les hommes sont faits, nous dit-on,
Pour vivre en band', comm' les moutons.
Moi, j' vis seul, et c'est pas demain
Que je suivrai leur droit chemin.

Je suis d' la mauvaise herbe,
Braves gens, braves gens,
C'est pas moi qu'on rumine
Et c'est pas moi qu'on met en gerbe…
Je suis d' la mauvaise herbe,
Braves gens, braves gens,
Je pousse en liberté
Dans les jardins mal fréquentés !
La la la la la la la la
La la la la la la la la
Et je m' demand'
Pourquoi, Bon Dieu,
Ça vous dérange
Que j' vive un peu…

Marinette

Quand j'ai couru chanter ma p'tite chanson pour Marinette,
La belle, la traîtresse était allée à l'Opéra…
Avec ma p'tit' chanson, j'avais l'air d'un con, ma mère,
Avec ma p'tit' chanson, j'avais l'air d'un con.

Quand j'ai couru porter mon pot d' moutarde à Marinette,
La belle, la traîtresse avait déjà fini d' dîner…
Avec mon petit pot, j'avais l'air d'un con, ma mère,
Avec mon petit pot, j'avais l'air d'un con.

Quand j'offris pour étrenn's un' bicyclette à Marinette,
La belle, la traîtresse avait acheté une auto…
Avec mon p'tit vélo, j'avais l'air d'un con, ma mère,
Avec mon p'tit vélo, j'avais l'air d'un con.

Quand j'ai couru, tout chose, au rendez-vous de Marinette,
La bell' disait : « J' t'adore » à un sal' typ' qui l'embrassait…
Avec mon bouquet d' fleurs, j'avais l'air d'un con, ma mère,
Avec mon bouquet d' fleurs, j'avais l'air d'un con.

Quand j'ai couru brûler la p'tit' cervelle à Marinette,
La belle était déjà morte d'un rhume mal placé…
Avec mon revolver, j'avais l'air d'un con, ma mère,
Avec mon revolver, j'avais l'air d'un con.

Quand j'ai couru, lugubre, à l'enterr'ment de Marinette,
La belle, la traîtresse était déjà ressuscitée…
Avec ma p'tit' couronn', j'avais l'air d'un con, ma mère,
Avec ma p'tit' couronn', j'avais l'air d'un con.

le testament

C C7
Je serai triste comme un saule
F G7 C
Quand le Dieu qui partout me suit
C C7
Me dira la main sur l'épaule :
F G7 C C+
« Va-t'en voir là-haut si j'y suis. »
F Dm7 Db9 C
Alors du ciel et de la terre
Am7 E7 G7
Il me faudra faire mon deuil...
C C+ E7
Est-il encor' debout le chêne] bis
Am G7 C
Ou le sapin de mon cercueil ?

S'il faut aller au cimetière,
J' prendrai le chemin le plus long,
J' ferai la tombe buissonnière,
J' quitterai la vie à reculons…
Tant pis si les croque-morts me grondent,
Tant pis s'ils me croient fou à lier.
Je veux partir pour l'autre monde
Par le chemin des écoliers. (bis)

Avant d'aller conter fleurette
Aux belles âmes des damné's,
Je rêv' d'encore d'une amourette,
Je rêv' d'encor' m'enjuponner...
Encore une fois dire «je t'aime»...
Encore une fois perdre le nord
En effeuillant le chrysanthème
Qui est la marguerite des morts. (bis)

Dieu veuille que ma veuve s'alarme
En enterrant son compagnon,
Et que pour lui faire verser des larmes
Il n'y ait pas besoin d'oignons...
Qu'elle prenne en secondes noces
Un époux de mon acabit :
Il pourra profiter de mes bottes,
Et de mes pantoufles, et de mes habits (bis)

Qu'il boiv' mon vin, qu'il aim' ma femme,
Qu'il fum' ma pipe et mon tabac
Mais que jamais – mort de mon âme ! –
Jamais il ne fouette mes chats...
Quoique je n'ai pas un atome,
Une ombre de méchanceté,
S'il fouett' mes chats, y'a un fantôme
Qui viendra le persécuter. (bis)

Ici-gît une feuille morte,
Ici finit mon testament...
On a marqué dessus ma porte :
«Fermé pour cause d'enterrement.»
J'ai quitté la vie sans rancune,
J'aurai plus jamais mal aux dents :
Me voilà dans la fosse commune,
La fosse commune du temps. (bis)

Auprès de mon arbre

D B7
J'ai plaqué mon chêne
E7 A7
Comme un saligaud,
D B7
Mon copain le chêne,
E7 A7
Mon *alter ego*,
B7 Em
On était du même bois
Bm F#7
Un peu rustique, un peu brut,
Bm F#7
Dont on fait n'importe quoi
Bm A7
Sauf, naturell'ment, les flûtes…
J'ai maint'nant des frênes,
Des arbres de Judée,
Tous de bonne graine,
De haute futaie…
Mais, toi, tu manque' à l'appel,
Ma vieill' branche de campagne,
Bm F#7
Mon seul arbre de Noël,
A7 D E7
Mon mât de cocagne !

Refrain

A
Auprès de mon arbre,
Je vivais heureux,
D A F#7 Bm E7
J'aurais jamais dû m'éloigner d' mon arbre…
A
Auprès de mon arbre,
Je vivais heureux,
D A F#7 Bm E7 A A7
J'aurais jamais dû le quitter des yeux…

Je suis un pauv' type,
J'aurai plus de joie:
J'ai jeté ma pipe,
Ma vieill' pipe en bois,
Qui' avait fumé sans s' fâcher,
Sans jamais m'brûler la lippe,
L' tabac d' la vache enragée
Dans sa bonn' vieill' têt' de pipe...
J'ai des pip's d'écume
Orné's de fleurons,
De ces pip's qu'on fume
En levant le front.
Mais j' retrouv'rai plus, ma foi,
Dans mon cœur ni sur ma lippe,
Le goût d' ma vieill' pip' en bois,
Sacré nom d'un' pipe!

Refrain

Le surnom d'infâme
Me va comme un gant:
D'avecque ma femme
J'ai foutu le camp,
Parc' que, depuis tant d'anné's,
C'était pas un' sinécure
De lui voir tout l' temps le nez
Au milieu de la figure...
Je bats la campagne
Pour dénicher la
Nouvelle compagne
Valant celle-là,
Qui, bien sûr, laissait beaucoup
Trop de pierr's dans les lentilles,
Mais se pendait à mon cou
Quand j' perdais mes billes!

Refrain

J'avais un' mansarde
Pour tout logement,
Avec des lézardes
Sur le firmament;
Je l' savais par cœur depuis
Et, pour un baiser la course,
J'emmenais mes bell's de nuits
Faire un tour sur la Grande Ourse...
J'habit' plus d' mansarde,
Il peut désormais
Tomber des hall'bardes,
Je m'en bats l'œil mais,
Mais si quelqu'un monte aux cieux
Moins que moi, j'y pai' des prunes:
Y' a cent sept ans, qui dit mieux,
Qu' j'ai pas vu la lune!

Refrain

je me suis fait tout petit

Bm Em
Je n'avais jamais ôté mon chapeau
Em6 F#7 Bm
Devant personne…
Bm Em F#7
Maintenant, je rampe et je fais le beau
G7 F#7 Bm
Quand ell' me sonne.
Bm B7 Em
J'étais chien méchant… ell' me fait manger
Em6 F#7 Bm
Dans sa menotte.
Bm Em F#7
J'avais des dents d' loup… je les ai changées
G7 F#7 Bm
Pour des quenottes!

Refrain

Bm C#7 F#7
Je m' suis fait tout p'tit devant un' poupée
Bm A7 D F#7
Qui ferm' les yeux quand on la couche.
Bm C#7 F#7
Je m' suis fait tout p'tit devant un' poupée
Bm D G7 F#7 Bm
Qui fait «maman» quand on la touche.

J'étais dur à cuire… ell' m'a converti,
La fine mouche.
Et je suis tombé, tout chaud, tout rôti,
Contre sa bouche
Qui a des dents de lait quand elle sourit,
Quand elle chante,
Et des dents de loup, quand elle est furi',
Qu'elle est méchante.

Refrain

Je subis sa loi, je file tout doux
Sous son empire,
Bien qu'ell' soit jalouse au-delà de tout,
Et même pire…
Un' jolie pervench' qui m'avait paru
Plus joli' qu'elle,
Un' jolie pervench', un jour en mourut
À coup d'ombrelle.

Refrain

Tous les somnambules, tous les mages m'ont
Dit, sans malice,
Qu'en ses bras en croix je subirai mon
Dernier supplice…
Il en est de pir's il en est d' meilleurs
Mais, à tout prendre,
Qu'on se pende ici, qu'on se pende ailleurs…
S'il faut se pendre.

Refrain

les croquants

Dm C
Les croquants vont en ville, à cheval sur leurs sous,
Cm Bb
Acheter des pucelle' aux saintes bonnes gens,
Bbm A7
Les croquants leur mett'nt à prix d'argent
Dm C7 F A7
La main dessus, la main dessous…
Mais la chair de Lisa, la chair fraîch' de Lison
(Que les culs cousus d'or se fass'nt une raison !)
C'est pour la bouch' du premier venu
A7 Dm E7 A7
Qui' a les yeux tendre' et les mains nues…

Refrain

D F#9 F#7
Les croquants, ça les attriste, ça
Bm E7 A7
Les étonne, les étonne,
D Bm A7 D
Qu'une fille, une fill' bell' comm' ça,
G F#7
S'abandonne, s'abandonne
Bm D B7
Au premier ostrogoth venu :
E7 A7 D
Les croquants, ça tombe des nues.

Les fill's de bonnes mœurs, les fill's de bonne vie,
Qui' ont vendu leur fleurette à la foire à l'encan,
Vont s' vautrer dans la couch' des croquants,
Quand les croquants en ont envie…
Mais la chair de Lisa, la chair fraîch' de Lison
(Que les culs cousus d'or se fass'nt une raison !)
N'a jamais accordé ses faveurs
À contre-sous, à contrecœur…

Refrain

Les fill's de bonne vie ont le cœur consistant
Et la fleur qu'on y trouve est garanti' longtemps,
Comm' les fleurs en papier des chapeaux,
Les fleurs en pierre des tombeaux...
Mais le cœur de Lisa, le grand cœur de Lison
Aime faire peau neuve avec chaque saison :
Jamais deux fois la même couleur,
Jamais deux fois la même fleur...

Refrain

l'amandier

Bm Bm A7 D
J'avais l'plus bel amandier
G D
Du quartier,] bis

D A7 D
Et, pour la bouche gourmande
G C
Des filles du monde entier,
F7 Bb
J' faisais pousser des amandes :
F#7
Le beau, le joli métier !

Un écureuil en jupon,
Dans un bond, *(bis)*
Vint me dir' : «Je suis gourmande
Et mes lèvres sentent bon ;
Et, si tu m' donn's une amande,
J'te donne un baiser fripon !»

«Grimpe aussi haut que tu veux,
Que tu peux, *(bis)*
Et tu croqu's, et tu picores,
Puis tu grignot's, et puis tu
Redescends plus vite encore
Me donner le baiser dû !»

Quand la belle eut tout rongé,
Tout mangé... *(bis)*
«Je te paierai, me dit-elle,
À pleine bouche quand les
Nigauds seront pourvus d'ailes
Et que tu sauras voler !

Mont' m'embrasser si tu veux,
Si tu peux... *(bis)*
Mais dis-toi que, si tu tombes,
J' n'aurai pas la larme à l'œil,
Dis-toi que, si tu succombes,
Je n' porterai pas le deuil !»

Les avait, bien entendu,
Toutes mordues, *(bis)*
Tout's grignoté's, mes amandes,
Ma récolte était perdue,
Mais sa joli' bouch' gourmande
En baisers m'a tout rendu !

Et la fête dura tant
Qu' le beau temps... *(bis)*
Mais vint l'automne, et la foudre,
Et la pluie, et les autans
Ont changé mon arbre en poudre...
Et mon amour en mêm' temps !

Grand-père

Bm Em
Grand-pèr' suivait en chantant
A7 D
La route qui mène à cent ans.
Bm Em
La mort lui fit, au coin d'un bois,
F#7 Bm
L' coup du pèr' François.
Bm
L'avait donné de son vivant
A7 D
Tant de bonheur à ses enfants
Bm Em
Qu'on fit, pour lui en savoir gré,
F#7 Em
Tout pour l'enterrer.
B7
Et l'on courut à toutes jam-
Em
Bes quérir une bière, mais…
Bm
Comme on était légers d'argent,
E7 A7
Le marchand nous reçut à bras fermés.

D
« Chez l'épicier, pas d'argent, pas d'épices,
B7 Em
Chez la belle Suzon, pas d'argent, pas de cuisse…
F#7 Bm
Les morts de basse condition,
Em F#7 Bm F#7 Bm
C'est pas de ma juridiction. »

A7
Or, j'avais hérité d' grand-père
Un' pair' de bott's pointu's.
A7
S'il y a des coups d' pied que'que part qui s' perdent,
C'lui-là toucha son but.

D
C'est depuis ce temps-là que le bon apôtre bm
A7 D
Ah ! c'est pas joli…
A7 D
Ah ! c'est pas poli…
A7 D Bm Em D
A un' fess' qui dit merde à l'autre.

A7
Bon papa,
D
Ne t'en fais pas :
Em F#7 B7
Nous en viendrons
Em A7 D Bm Em A7 D
À bout de tous ces empêcheurs d'enterrer en rond.

Le mieux à faire et le plus court,
Pour qu' l'enterrement suivît son cours,
Fut de borner nos prétentions
À un' bièr' d'occasion.
Contre un pot de miel on acquit
Les quatre planches d'un mort qui
Rêvait d'offrir quelques douceurs
À une âme sœur.
Et l'on courut à toutes jam-
Bes quérir un corbillard, mais...
Comme on était légers d'argent,
Le marchand nous reçut à bras fermés.

«Chez l'épicier, pas d'argent, pas d'épices,
Chez la belle Suzon, pas d'argent, pas de cuisse...
Les morts de basse condition,
C'est pas de ma juridiction.»

Ma bott' partit, mais je m' refuse
De dir' vers quel endroit,
Ça rendrait les dames confuses
Et je n'en ai pas le droit.

C'est depuis ce temps-là que le bon apôtre
Ah! c'est pas joli...
Ah! c'est pas poli...
A un' fess' qui dit merde à l'autre.

Bon papa,
Ne t'en fais pas:
Nous en viendrons
À bout de tous ces empêcheurs d'enterrer en rond.

Le mieux à faire et le plus court,
Pour qu' l'enterrement suivît son cours,
Fut de porter sur notre dos
L' funèbre fardeau.
S'il eût pu revivre un instant,
Grand-père aurait été content
D'aller à sa dernièr' demeur'
Comme un empereur.
Et l'on courut à toutes jam-
Bes quérir un goupillon, mais…
Comme on était légers d'argent,
Le marchand nous reçut à bras fermés.

«Chez l'épicier, pas d'argent, pas d'épices,
Chez la belle Suzon, pas d'argent, pas de cuisse…
Les morts de basse condition,
C'est pas de ma bénédiction.»

Avant même que le vicaire
Ait pu lâcher un cri,
J' lui bottai l' cul au nom du Pèr',
Du Fils et du Saint-Esprit.

C'est depuis ce temps-là que le bon apôtre bis
Ah ! c'est pas joli…
Ah ! c'est pas poli…
A un' fess' qui dit merde à l'autre.

Bon papa,
Ne t'en fais pas :
Nous en viendrons
À bout de tous ces empêcheurs d'enterrer en rond. bis

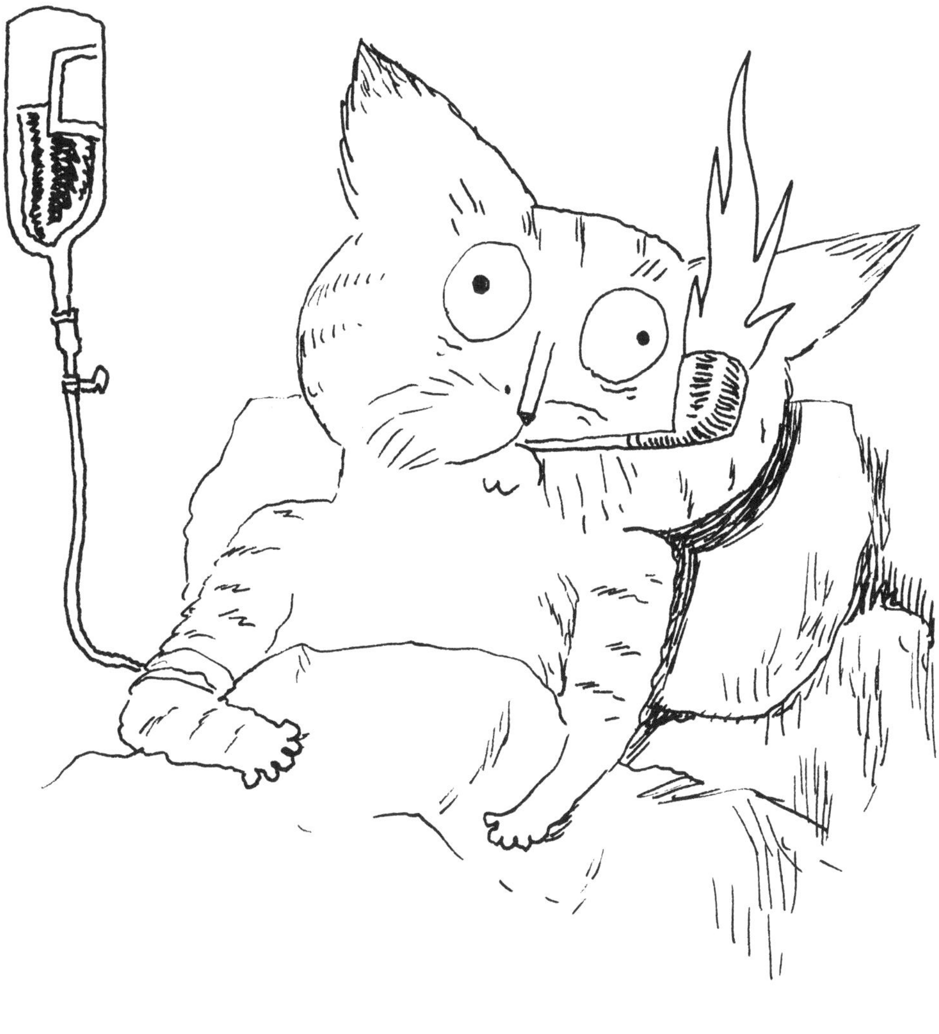

le vin

Avant de chanter
Ma vi', de fair' des
Harangues,
Dans ma gueul' de bois
J'ai tourné sept fois
Ma langue…
J'suis issu de gens
Qui étaient pas du gen-
Re sobre…
On conte que j'eus
La tétée au jus
D'octobre…

Mes parents ont dû
M' trouver au pied d'u-
Ne souche,
Et non dans un chou,
Comm' ces gens plus ou
Moins louches…
En guise de sang,
(Ô noblesse sans
Pareille !)
Il coule en mon cœur
La chaude liqueur
D' la treille…

Quand on est un sa-
Ge, et qu'on a du sa-
Voir-boire,
On se garde à vue,
En cas de soif, u-
Ne poire...
Une poire... ou deux,
Mais en forme de
Bonbonne,
Au ventre replet
Rempli du bon lait
D' l'automne...

Jadis, aux Enfers,
Certe', il a souffert,
Tantale,
Quand l'eau refusa
D'arroser ses a-
Mygdales...
Être assoiffé d'eau,
C'est triste, mais faut
Bien dire
Que, l'être de vin,
C'est encore vingt
Fois pire...

Hélas ! il ne pleut
Jamais du gros bleu
Qui tache...
Qu'ell's donnent du vin,
J'irai traire enfin
Les vaches...
Que vienne le temps
Du vin coulant dans
La Seine !
Les gens, par milliers,
Courront y noyer
Leur peine...

les lilas

Quand je vais chez la fleuriste,
Je n'achèt' que des lilas…
Quand je vais chez la fleuriste,
Je n'achèt' que des lilas…
Si ma chanson chante triste,
C'est que l'amour n'est plus là.

Comm' j'étais, en quelque sorte
Amoureux de ces fleurs-là.
Je suis entré par la porte,
Par la porte des Lilas.

Des lilas, y' en avait guère,
Des lilas, y' en avait pas.
Z'étaient tous morts à la guerre,
Passés de vie à trépas.

J'suis tombé sur une belle
Qui fleurissait un peu là,
J'ai voulu greffer sur elle
Mon amour pour les lilas.

J'ai marqué d'une croix blanche
Le jour où l'on s'envola,
Accrochés à une branche,
Une branche de lilas.

Pauvre amour, tiens bon la barre,
Le temps va passer par là,
Et le temps est un barbare
Dans le genre d'Attila.

Aux cœurs où son cheval passe,
L'amour ne repousse pas.
Aux quatre coins de l'espace
Il fait le désert sous ses pas.

Alors, nos amours sont mortes,
Envolé's dans l'au-delà,
Laissant la clé sous la porte,
Sous la porte des Lilas.

La fauvette des dimanches,
Cell' qui me donnait le *la*,
S'est perché' sur d'autres branches,
D'autres branches de lilas.

Quand je vais chez la fleuriste,
Je n'achèt' que des lilas…
Si ma chanson chante triste
C'est que l'amour n'est plus là.

au bois d'mon cœur

Am D D#- E D
Au bois d' Clamart y' a des petit's fleurs,
C E
Y' a des petit's fleurs,
Am D D#- Am D
Y' a des copains au, au bois d' mon cœur,
C E F7
Au, au bois d'mon cœur.

Dm G7 C
Au fond d' ma cour j' suis renommé, bis
Em C7 A7
J' suis renommé
Dm
Pour avoir le cœur mal famé,
Am F7 E
Le cœur mal famé.

Au bois d' Vincenne', y' a des petit's fleurs,
Y' a des petit's fleurs,
Y' a des copains au, au bois d' mon cœur,
Au, au bois d' mon cœur.

Quand y' a plus d' vin dans mon tonneau, bis
Dans mon tonneau,
Ils n'ont pas peur de boir' mon eau,
De boire mon eau.

Au bois d' Meudon, y' a des petit's fleurs,
Y' a des petit's fleurs,
Y' a des copains au, au bois d' mon cœur,
Au, au bois d' mon cœur.

Ils m'accompagnent à la mairie, bis
À la mairie,
Chaque fois que je me marie,
Que je me marie.

Au bois d' Saint-Cloud, y' a des petit's fleurs,
Y' a des petit's fleurs,
Y' a des copains au, au bois d'mon cœur,
Au, au bois d'mon cœur.

Chaqu' fois qu' je meurs fidèlement, bis
Fidèlement,
Ils suivent mon enterrement,
Mon enterrement.

Des petites fleurs...
Au, au bois d' mon cœur... bis

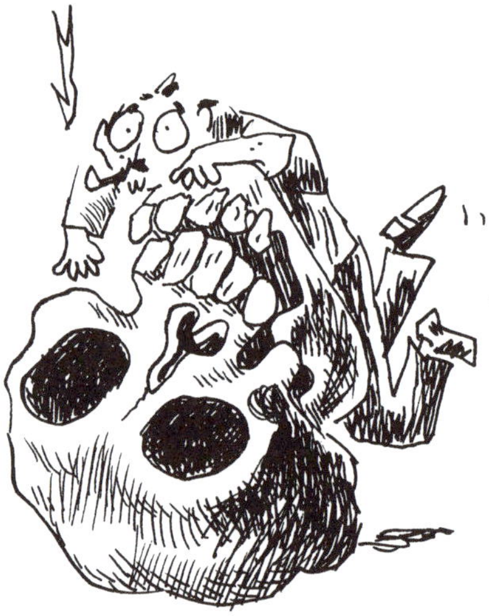

oncle Archibald

Ô vous, les arracheurs de dents,
Tous les cafards, les charlatans,
Les prophètes,
Comptez plus sur oncle Archibald
Pour payer les violons du bal
À vos fêtes… bis

En courant sus à un voleur
Qui venait de lui chiper l'heure
À sa montre,
Oncle Archibald, – coquin de sort ! –
Fit, de Sa Majesté la Mort,
La rencontre… bis

Telle un' femm' de petit' vertu,
Elle arpentait le trottoir du
Cimetière,
Aguichant les homm's en troussant
Un peu plus haut qu'il n'est décent
Son suaire… bis

Oncle Archibald, d'un ton gouailleur,
Lui dit : « Va-t'en fair' pendre ailleurs
Ton squelette…
Fi ! des femelles décharnées !
Vive les bell's un tantinet
Rondelettes ! » bis

Lors, montant sur ses grands chevaux,
La Mort brandit la longue faux
D'agronome
Qu'elle serrait dans son linceul,
Et faucha d'un seul coup, d'un seul,
Le bonhomme… bis

Comme il n'avait pas l'air content,
Elle lui dit : « Ça fait longtemps
Que je t'aime…
Et notre hymen à tous les deux
Était prévu depuis l' jour de
Ton baptême… bis

« Si tu te couches dans mes bras,
Alors la vi' te semblera
Plus facile…
Tu y seras hors de portée
Des chiens, des loups, des homm's et des
Imbéciles… bis

«Nul n'y contestera tes droits,
Tu pourras crier: "Viv' le roi!"
Sans intrigue...
Si l'envi' te prend de changer,
Tu pourras crier sans danger
"Viv' la Ligue!" bis

«Ton temps de dupe est révolu,
Personne ne se payera plus
Sur ta bête...
Les "Plaît-il, maître?" auront plus cours,
Plus jamais tu n'auras à cour-
Ber la tête...» bis

Et mon oncle emboîta le pas
De la bell', qui ne semblait pas
Si féroce...
Et les voilà, bras d'ssus, bras d'ssous,
Les voilà partis je n' sais où
Fair' leurs noces... bis

Ô vous, les arracheurs de dents,
Tous les cafards, les charlatans,
Les prophètes,
Comptez plus sur oncle Archibald
Pour payer les violons du bal
À vos fêtes... bis

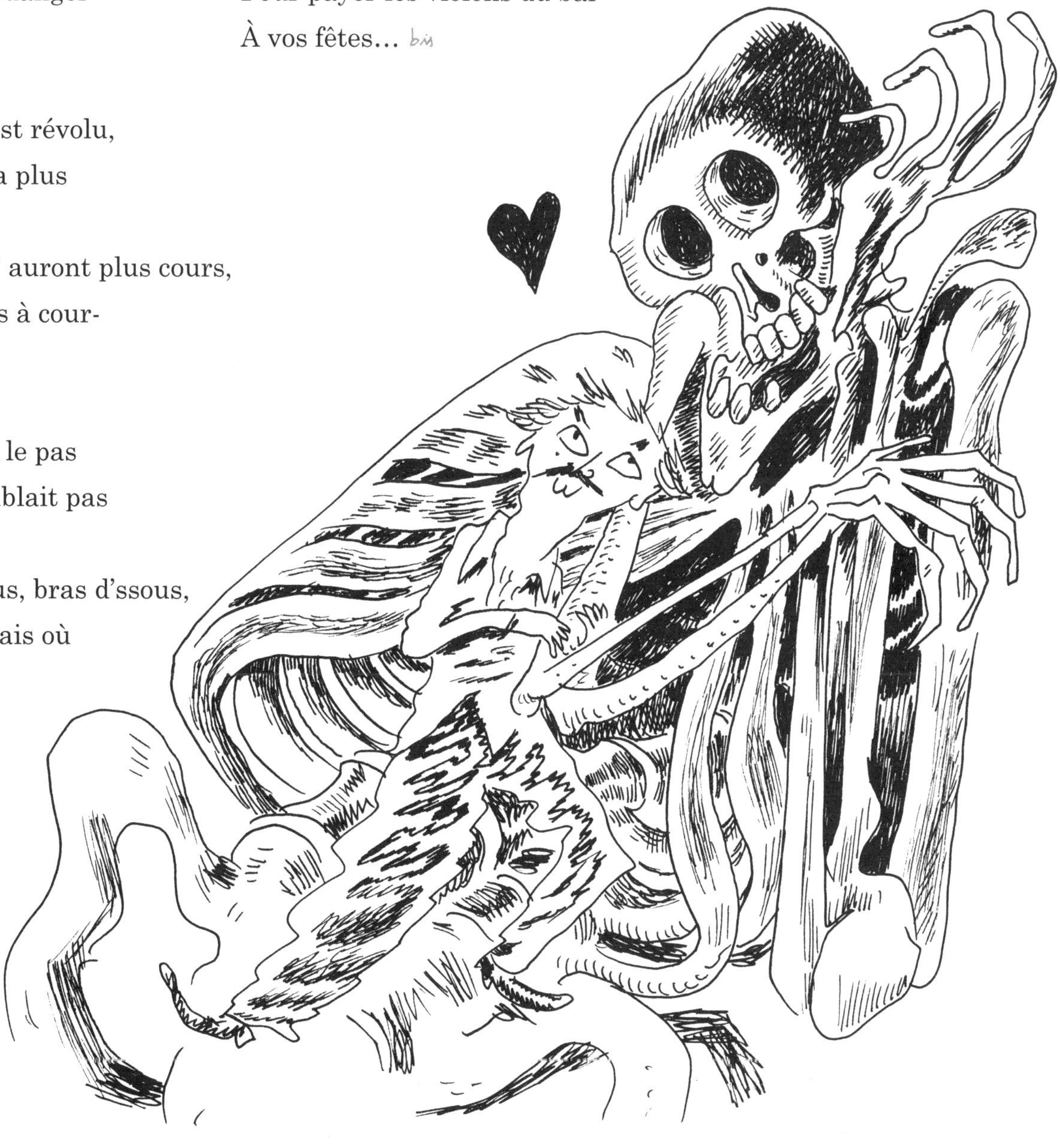

Celui qui a mal tourné

Bm A7 D
Il y avait des temps et des temps
Bm G7 C#m9 F#7
Qu' je n' m'étais pas servi d' mes dents,
Bm A7 D
Qu' je n' mettais pas d' vin dans mon eau
Bm G7 F#7 Bm
Ni de charbon dans mon fourneau.
A7 D
Tous les croque-morts, silencieux,
Bm C#7 F#7
Me dévoraient déjà des yeux:
Bm E7 A7 D
Ma dernière heure allait sonner…
Bm G7 F#7 Bm
C'est alors que j'ai mal tourné.

N'y allant pas par quatre chemins,
J'estourbis en un tournemain,
En un coup de bûche excessif,
Un noctambule en or massif.
Les chats fourrés, quand ils l'ont su,
M'ont posé la patte dessus
Pour m'envoyer à la Santé
Me refaire une honnêteté.

Machin, Chose, Un tel, Une telle,
Tous ceux du commun des mortels
Furent d'avis que j'aurais dû
En bonn' justice être pendu
À la lanterne et sur-le-champ.
Y s' voyaient déjà partageant
Ma corde, en tout bien tout honneur,
En guise de porte-bonheur.

Au bout d'un siècle, on m'a jeté
À la porte de la Santé.
Comme je suis sentimental,
Je retourne au quartier natal,
Baissant le nez, rasant les murs,
Mal à l'aise sur mes fémurs,
M'attendant à voir les humains
Se détourner de mon chemin.

Y’ en a un qui m’a dit : « Salut !
Te revoir, on n’y comptait plus… »
Y’ en a un qui m’a demandé
Des nouvelles de ma santé.
Lors, j’ai vu qu’il restait encor
Du monde et du beau mond’ sur terre,
Et j’ai pleuré, le cul par terre,
Toutes les larmes de mon corps.

La marche Nuptiale

Mariage d'amour, mariage d'argent,
J'ai vu se marier toutes sortes de gens :
Des gens de basse source et des grands de la terre,
Des prétendus coiffeurs, des soi-disant notaires…

Quand même je vivrais jusqu'à la fin des temps,
Je garderais toujours le souvenir content
Du jour de pauvre noce où mon père et ma mère
S'allèrent épouser devant Monsieur le Maire.

C'est dans un char à bœufs, s'il faut parler bien franc,
Tiré par les amis, poussé par les parents,
Que les vieux amoureux firent leurs épousailles
Après long temps d'amour, long temps de fiançailles.

Cortège nuptial hors de l'ordre courant,
La foule nous couvait d'un œil protubérant :
Nous étions contemplés par le monde futile
Qui n'avait jamais vu de noces de ce style.

Voici le vent qui souffle emportant, crève-cœur!
Le chapeau de mon père et les enfants de chœur...
Voilà la plui' qui tombe en pesant bien ses gouttes,
Comme pour empêcher la noc', coûte que coûte.

Je n'oublierai jamais la mariée en pleurs
Berçant comme un' poupé' son gros bouquet de fleurs...
Moi, pour la consoler, moi, de toute ma morgue,
Sur mon harmonica jouant les grandes orgues.

Tous les garçons d'honneur, montrant le poing aux nues,
Criaient: «Par Jupiter, la noce continue!»
Par les homm's décrié', par les dieux contrariée,
La noce continue et Viv' la mariée!

le vieux Léon

Bm
Y' a tout à l'heur'
G
Quinze ans d' malheur
A7 D
Mon vieux Léon
Am B7
Que tu es parti
Em Bm
Au paradis
G C#7 F#
D' l'accordéon
Bm Bm
Parti bon train
G
Voir si l' bastrin-
A7 D
Gue et la java
Am B7
Avaient gardé
Em Bm
Droit de cité
F#7 Bm
Chez Jéhovah.
F#7 Bm
Quinze ans bientôt
A7 D
Qu' musique au dos
B7 Em
Tu t'en allais
A7 D
Mener le bal
G C
À l'amical'
F#7
Des feux follets.
F#7 Bm
En cet asile,
A7 D
Par saint' Cécile,
B7 Em
Pardonne-nous
A7 D
De n'avoir pas
G C
Su faire cas
F#7 Bm
De ton biniou.

C'est une erreur,
Mais les joueurs
D'accordéon
Au grand jamais
On ne les met
Au Panthéon.
Mon vieux tu as dû
T' contenter du
Champ de navets,
Sans grandes pom-
Pe' et sans pompons,
Et sans *Ave*.
Mais les copains
Suivaient l' sapin,
Le cœur serré,
En rigolant
Pour fair' semblant
De n' pas pleurer.
Et dans nos cœurs,
Pauvre joueur
D'accordéon,
Il fait ma foi
Beaucoup moins froid
Qu'au Panthéon.

Depuis, mon vieux,
Qu'au fond des cieux
Tu as fait ton trou,
Il a coulé
De l'eau sous les
Ponts de chez nous.
Les bons enfants,
D' la ru' de Van-
Ve' à la Gaîté,
L'un comme l'au-
Tre au gré des flots
Fur'nt emportés.
Mais aucun d'eux
N'a fait fi de
Son temps jadis.
Tous sont restés
Du parti des
Myosotis.
Tous ces pierrots
Ont le cœur gros,
Mon vieux Léon,
En entendant
Le moindre chant
D'accordéon.

Quel temps fait-il
Chez les gentils
De l'au-delà ?
Les musiciens
Ont-ils enfin
Trouvé le *la* ?
Et le p'tit bleu
Est-c' que ça n' le
Rend pas meilleur
D'être servi
Au sein des vi-
Gne' du Seigneur ?
Si d' temps en temps
Un' dam' d'antan
S' laisse embrasser
Sûr'ment papa,
Que tu r'grett's pas
D'être passé.
Et si l' Bon Dieu
Aim' tant soit peu
L'accordéon,
Au firmament
Tu t' plais sûr'ment,
C#m F#7 Bm
Mon vieux Léon.

Le pornographe

Am
Autrefois, quand j'étais marmot,
B7 E7
J'avais la phobi' des gros mots,
C
Et si j' pensais « merde » tout bas,
E7
Je ne le disais pas…

Mais
Am
Aujourd'hui que mon gagne-pain
B7 E7
C'est d' parler comme un turlupin,
C E7
Je n' pense plus « merde », pardi !
Am
Mais je le dis.

Refrain

Dm Am
J' suis l' pornographe,
B7 E7 Am
Du phonographe,
Dm G7 C E7
Le polisson
Am
De la chanson.

Afin d'amuser la gal'rie
Je crache des gauloiseries,
Des pleines bouches de mots crus
Tout à fait incongrus…
Mais
En m' retrouvant seul sous mon toit,
Dans ma psyché j' me montre au doigt.
Et m' cri' : « Va t' faire, homme incorrec',
Voir par les Grecs. »

Refrain

Tous les sam'dis, j' vais à confess'
M'accuser d'avoir parlé d' fess's
Et j' promets ferme au marabout
De les mettre tabou…
Mais
Craignant, si je n'en parle plus,
D' finir à l'Armée du Salut,
Je r'mets bientôt sur le tapis
Les fesses impies.

Refrain

Ma femme est, soit dit en passant,
D'un naturel concupiscent
Qui l'incite à se coucher nu'
Sous le premier venu…
Mais
M'est-il permis, soyons sincèr',
D'en parler au café-concert
Sans dire qu'elle a, suraigu,
Le feu au cul ?

Refrain

J'aurais sans doute du bonheur,
Et peut-être la Croix d'honneur,
À chanter avec décorum
L'amour qui mène à Rom'...
Mais
Mon ang' m'a dit :
« Turlututu !
Chanter l'amour t'est défendu
S'il n'éclôt pas sur le destin
D'une putain. »

Refrain

Et quand j'entonne, guilleret,
À un patron de cabaret
Une adorable bucolique,
Il est mélancolique...
Et
Me dit, la voix noyé' de pleurs :
« S'il vous plaît de chanter les fleurs,
Qu'ell's poussent au moins rue Blondel
Dans un bordel. »

Refrain

Chaque soir avant le dîner,
À mon balcon mettant le nez,
Je contemple les bonnes gens
Dans le soleil couchant...
Mais
N' me d'mandez pas d' chanter ça, si
Vous redoutez d'entendre ici
Que j'aime à voir, de mon balcon,
Passer les cons.

Refrain

Les bonnes âmes d'ici-bas
Comptent ferme qu'à mon trépas
Satan va venir embrocher
Ce mort mal embouché...
Mais,
Mais veuille le grand manitou,
Pour qui le mot n'est rien du tout,
Admettre en sa Jérusalem,
À l'heure blême,

Le pornographe,
Du phonographe,
Le polisson
De la chanson.

La ronde des jurons

Bm
Voici la ron-
F#7 Bm
De des jurons
F#7 Bm A7
Qui chantaient clair, qui dansaient rond,
D A7
Quand les Gaulois
A7 D A7
De bon aloi
D
Du franc-parler suivaient la loi,
F#7
Jurant par-là,
Bm
Jurant par-ci,
Am D
Jurant à langue raccourci',
G F#7
Comme des grains de chapelet
B7 E F#7
Les joyeux jurons défilaient :

Bm C6
Tous les morbleus, tous les ventrebleus,
C#7 F#7 Bm
Les sacrebleus et les cornegidouilles,
Bm C6
Ainsi, parbleu, que les jarnibleus
C#7 F#7 Bm
Et les palsambleus,
Bm C6
Tous les cristis, les ventres saint-gris,
C#7 F#7 Bm
Les par ma barbe et les noms d'une pipe,
Bm C6
Ainsi, pardi, que les sapristis
C#7 F#7 Bm
Et les sacristis,

Refrain
Em A7
Sans oublier les jarnicotons,
D B7
Les scrogneugneus et les bigre' et les bougre',
Em A7
Les saperlott's, les cré nom de nom,
Les peste, et pouah, diantre, fichtre et foutre,
Bm
Tous les Bon Dieu,
C6
Tous les vertudieux,
C#7 F#7 Bm
Tonnerr' de Brest et saperlipopette,
Bm C6
Ainsi, pardieu, que les jarnidieux
C#7 F#7 Bm
Et les pasquedieux.

Quelle pitié !
Les charretiers
Ont un langage châtié !
Les harengères
Et les mégères
Ne parlent plus à la légère !
Le vieux catéchisme poissard
N'a guèr' plus cours chez les hussards…
Ils ont vécu, *de profundis*,
Les joyeux jurons de jadis.

Refrain

le cocu

Bb A7 Bb A7
Comme elle n'aime pas beaucoup la solitude,
Gm Dm Bb A7
Cependant que je pêche et que je m'ennoblis,
Bb A7 Bb A7
Ma femme sacrifie à sa vieille habitude
Dm C7 F Dm Bb C7 F
De faire, à tout venant, les honneurs de mon lit. bis

Eh! oui, je suis cocu, j'ai du cerf sur la tête,
On fait force de trous dans ma lune de miel.
Ma bien-aimé' ne m'invite plus à la fête
Quand ell' va faire un tour jusqu'au septième ciel. bis

Au péril de mon cœur, la malheureuse écorne
Le pacte conjugal et me le déprécie,
Que je ne sache plus où donner de la corne
Semble bien être le cadet de ses soucis. bis

Les galants de tout poil viennent boire en mon verre,
Je suis la providence des écornifleurs.
On cueille dans mon dos la tendre primevère
Qui tenait le dessus de mon panier de fleurs. bis

En revenant fourbu de la pêche à la ligne,
Je les surprends tout nus dans leurs débordements.
Conseillez-leur le port de la feuille de vigne,
Ils s'y refuseront avec entêtement. bis

Souiller mon lit nuptial, est-c' que ça les empêche
De garder les dehors de la civilité?
Qu'on me demande au moins si j'ai fait bonne pêche,
Qu'on daigne s'enquérir enfin de ma santé. bis

De grâce, un minimum d'attentions délicates
Pour ce pauvre mari qu'on couvre de safran!
Le cocu, d'ordinaire, on le choie, on le gâte,
On est en fin de compte un peu de ses parents. bis

À l'heure du repas, mes rivaux détestables
Ont encor' ce toupet de lorgner ma portion!
Ça leur ferait pas peur de s'asseoir à ma table.
Cocu, tant qu'on voudra, mais pas amphitryon. bis

Partager sa moitié, est-c' que cela comporte
Que l'on partage aussi la chère et la boisson?
Je suis presque obligé de les mettre à la porte,
Et bien content s'ils n'emportent pas mes poissons. bis

Bien content qu'en partant ces mufles ne s'égarent
Pas à mettre le comble à leur ignomini'
En sifflotant «Il est cocu, le chef de gare...»
Parc' que, le chef de gar', c'est mon meilleur ami. bis

la femme d'Hector

D A7
En notre tour de Babel
D A7
Laquelle est la plus bell',
D A7
La plus aimable parmi
D F#7
Les femm's de nos amis ?
Bm
Laquelle est notre vrai' nounou
F#7 G
La p'tit' sœur des pauvres de nous,
Dans le guignon toujours présente,
F#7 F#7
Quelle est cette fée bienfaisante ?

Refrain

Em F#7 Bm
C'est pas la femm' de Bertrand,
F#7
Pas la femm' de Gontran,
Bm
Pas la femm' de Pamphile,
Em A7 D
C'est pas la femm' de Firmin,
Bm Em
Pas la femm' de Germain
A7 D
Ni cell' de Benjamin,
G A7 D
C'est pas la femm' d'Honoré,
B7 Em
Ni cell' de Désiré,
F#7 Bm
Ni cell' de Théophile,
Em F#7 Bm
Encore moins la femme de Nestor,
F#7 Bm A7
Non, c'est la femm' d'Hector !

Comme nous dansons devant
Le buffet bien souvent,
On a toujours peu ou prou
Les bras criblés de trous…
Qui raccommode ces malheurs
De fils de toutes les couleurs,
Qui brode, divine cousette,
Des arcs-en-ciel à nos chaussettes ?

Refrain

Quand on nous prend la main, sac-
Ré Bon Bieu, dans un sac,
Et qu'on nous envoi' planter
Des choux à la Santé,
Quelle est cell' qui, prenant modèl'
Sur les vertus des chiens fidèl's,
Reste à l'arrêt devant la porte
En attendant que l'on ressorte ?

Refrain

Et quand l'un d'entre nous meurt
Qu'on nous met en demeur'
De débarrasser l'hôtel
De ses restes mortels,
Quelle est cell' qui r'mu' tout Paris
Pour qu'on lui fasse, au plus bas prix,
Des funérailles gigantesques,
Pas nationales, non, mais presque ?

Refrain

Et quand vient le mois de mai
Le joli temps d'aimer,
Que sans écho, dans les cours,
Nous hurlons à l'amour,
Quelle est cell' qui nous plaint beaucoup,
Quelle est cell' qui nous saute au cou
Qui nous dispense sa tendresse,
Tout's ses économies d' caresses?

Refrain

Ne jetons pas les morceaux
De nos cœurs aux pourceaux,
Perdons pas notre latin
Au profit des pantins,
Chantons pas la langue des dieux
Pour les balourds, les fess'-mathieux
Les paltoquets ni les bobèches,
Les foutriquets ni les pimbêches,

Ni pour la femm' de Bertrand,
Pour la femm' de Gontran,
Pour la femm' de Pamphile,
Ni pour la femm' de Firmin,
Pour la femm' de Germain,
Pour cell' de Benjamin,
Ni pour la femm' d'Honoré,
La femm' de Désiré,
La femm' de Théophile,
Encore moins pour la femm' de Nestor,
Mais pour la femm' d'Hector!

à l'ombre du cœur de ma mie

Bm Em
À l'ombre du cœur de ma mi'
Bm F#7 Bm
À l'ombre du cœur de ma mi'
Em
Un oiseau s'était endormi,
Bm F#7 Bm
Un oiseau s'était endormi
Em
Un jour qu'elle faisait semblant
A7 D F#7 Bm
D'être la Belle au bois dormant.

Et moi, me mettant à genoux, bis
Bonnes fé's, sauvegardez-nous! bis
Sur ce cœur j'ai voulu poser
Une manière de baiser.

Alors cet oiseau de malheur *bis*
Se mit à crier «Au voleur!» *bis*
«Au voleur!» et «À l'assassin!»
Comm' si j'en voulais à son sein.

Aux appels de cet étourneau, *bis*
Grand branle-bas dans Landerneau: *bis*
Tout le monde et son père accourent
Aussitôt lui porter secours.

Tant de rumeurs, de grondements, *bis*
Ont fait peur aux enchantements, *bis*
Et la belle désabusée
Ferma son cœur à mon baiser.

Et c'est depuis ce temps, ma sœur, *bis*
Que je suis devenu chasseur, *bis*
Que mon arbalète à la main
Je cours les bois et les chemins.

Bonhomme

C F C
Malgré la bise qui mord,
F C Dm7 Dm9 G7
La pauvre vieille de somme
C Am D7 G7
Va ramasser du bois mort
C Am7 D7 G7
Pour chauffer Bonhomme,
C7 F C7 F
Bonhomme qui va mourir
C Am G9 G7 C
De mort naturelle.

Mélancolique, elle va
À travers la forêt blême
Où jadis elle rêva
De celui qu'elle aime,
Qu'elle aime et qui va mourir
De mort naturelle.

Rien n'arrêtera le cours
De la vieille qui moissonne
Le bois mort de ses doigts gourds,
Ni rien ni personne,
Car Bonhomme va mourir
De mort naturelle.

Non, rien ne l'arrêtera,
Ni cette voix de malheur(e)
Qui dit : « Quand tu rentreras
Chez toi, tout à l'heure,
Bonhomm' sera déjà mort
De mort naturelle. »

Ni cette autre et sombre voix,
Montant du plus profond d'elle,
Lui rappeler que, parfois,
Il fut infidèle,
Car Bonhomme, il va mourir
De mort naturelle.

Comme une sœur

Em A7 D F#7 Bm
Comme une sœur, tête coupé', tête coupée,
Em A7 D F#7 Bm
Ell' ressemblait à sa poupée, à sa poupée,
A7 Bm
Dans la rivière, elle est venue
F#7 G A7 Bm
Tremper un peu son pied menu, son pied menu.

Par une ruse à ma façon, à ma façon,
Je fais semblant d'être un poisson, d'être un poisson.
Je me déguise en cachalot
Et je me couche au fond de l'eau, au fond de l'eau.

J'ai le bonheur, grâce à ce biais, grâce à ce biais,
De lui croquer un bout de pied, un bout de pied.
Jamais requin n'a, j'en réponds,
Jamais rien goûté d'aussi bon, rien d'aussi bon.

Ell' m'a puni de ce culot, de ce culot,
En me tenant le bec dans l'eau, le bec dans l'eau.
Et j'ai dû, pour l'apitoyer,
Faire mine de me noyer, de me noyer.

Convaincu' de m'avoir occis, m'avoir occis,
La voilà qui se radoucit, se radoucit,
Et qui m'embrasse et qui me mord
Pour me ressusciter des morts, citer des morts.

Si c'est le sort qu'il faut subir, qu'il faut subir,
À l'heure du dernier soupir, dernier soupir,
Si, des noyés, tel est le lot,
Je retourne me fiche à l'eau, me fiche à l'eau.

Chez ses parents, le lendemain, le lendemain,
J'ai couru demander sa main, d'mander sa main.
Mais comme je n'avais rien dans
La mienne, on m'a crié : « Va-t'en ! », crié : « Va-t'en ! »

On l'a livrée aux appétits, aux appétits
D'une espèce de mercanti, de mercanti,
Un vrai maroufle, un gros sac d'or,
Plus vieux qu'Hérode et que Nestor, et que Nestor.

Et depuis leurs noces j'attends, noces j'attends,
Le cœur sur des charbons ardents, charbons ardents,
Que la Faucheuse vienne cou-
Per l'herbe aux pieds de ce grigou, de ce grigou.

Quand ell' sera veuve éploré', veuve éploré',
Après l'avoir bien enterré, bien enterré,
J'ai l'espéranc' qu'elle viendra
Faire sa niche entre mes bras, entre mes bras.

l'orage

Parlez-moi de la pluie et non pas du beau temps,
Le beau temps me dégoûte et m' fait grincer les dents,
Le bel azur me met en rage,
Car le plus grand amour qui m' fut donné sur terr'
Je l' dois au mauvais temps, je l' dois à Jupiter,
Il me tomba d'un ciel d'orage.

Par un soir de novembre, à cheval sur les toits,
Un vrai tonnerr' de Brest, avec des cris d' putois,
Allumait ses feux d'artifice.
Bondissant de sa couche en costume de nuit,
Ma voisine affolé' vint cogner à mon huis
En réclamant mes bons offices.

«Je suis seule et j'ai peur, ouvrez-moi, par pitié,
Mon époux vient d' partir faire son dur métier,
Pauvre malheureux mercenaire,
Contraint d' coucher dehors quand il fait mauvais temps,
Pour la bonne raison qu'il est représentant
D'un' maison de paratonnerres.»

En bénissant le nom de Benjamin Franklin,
Je l'ai mise en lieu sûr entre mes bras câlins,
Et puis l'amour a fait le reste!
Toi qui sèmes des paratonnerre' à foison,
Que n'en as-tu planté sur ta propre maison?
Erreur on ne peut plus funeste.

Quand Jupiter alla se faire entendre ailleurs,
La belle, ayant enfin conjuré sa frayeur
Et recouvré tout son courage,
Rentra dans ses foyers fair' sécher son mari
En m' donnant rendez-vous les jours d'intempéri',
Rendez-vous au prochain orage.

À partir de ce jour j' n'ai plus baissé les yeux,
J'ai consacré mon temps à contempler les cieux,
À regarder passer les nues,
À guetter les stratus, à lorgner les nimbus,
À faire les yeux doux aux moindres cumulus,
Mais elle n'est pas revenue.

Son bonhomm' de mari avait tant fait d'affair's,
Tant vendu ce soir-là de petits bouts de fer,
Qu'il était dev'nu millionnaire
Et l'avait emmené' vers des cieux toujours bleus,
Des pays imbécile' où jamais il ne pleut,
Où l'on ne sait rien du tonnerre.

Dieu fass' que ma complainte aille, tambour battant,
Lui parler de la plui', lui parler du gros temps
Auxquels on a t'nu tête ensemble,
Lui conter qu'un certain coup de foudre assassin
Dans le mill' de mon cœur a laissé le dessin
D'un' petit' fleur qui lui ressemble.

le père Noël et la petite fille

Am G7 C
Avec sa hotte sur le dos,
B7 E7
Avec sa hotte sur le dos,
Am G7 C
Il s'en venait d'Eldorado,
B7 E7
Il s'en venait d'Eldorado,
F
Il avait une barbe blanche,
B7 E7
Il avait nom «Papa Gâteau».

Am C B7 E7
Il a mis du pain sur ta planche,
Am C F E7 Am
Il a mis les mains sur tes hanches.

Il t'a prom'né' dans un landau,
Il t'a prom'né' dans un landau,
En route pour la vi' d' château,
En route pour la vi' d' château,
La belle vi' doré' sur tranche,
Il te l'offrit sur un plateau.

Il a mis du grain dans ta grange,
Il a mis les mains sur tes hanches.

Toi qui n'avais rien sur le dos,
Toi qui n'avais rien sur le dos,
Il t'a couverte de manteaux,
Il t'a couverte de manteaux,
Il t'a vêtu' comme un dimanche,
Tu n'auras pas froid de sitôt.

Il a mis l'hermine à ta manche,
Il a mis les mains sur tes hanches.

Tous les camé's, tous les émaux,
Tous les camé's, tous les émaux,
Il les fit pendre à tes rameaux,
Il les fit pendre à tes rameaux,
Il fit rouler en avalanches
Perl' et rubis dans tes sabots.

Il a mis de l'or à ta branche,
Il a mis les mains sur tes hanches.

Tire la bell', tir' le rideau,
Tire la bell', tir' le rideau,
Sur tes misères de tantôt,
Sur tes misères de tantôt,
Et qu'au-dehors il pleuve, il vente,
Le mauvais temps n'est plus ton lot,

Le joli temps des coudé's franches…
On a mis les mains sur tes hanches.

Pénélope

F Dm Bb6 C7
Toi l'épouse modèl', le grillon du foyer,
F Cm D7 D7
Toi, qui n'as point d'accroc' dans ta robe de mariée,
Gm Bb6 A7
Toi, l'intraitable Pénélope,
Bb6 C7 F Dm
En suivant ton petit bonhomme de bonheur,
A7 A7 Dm
Ne berces-tu jamais, en tout bien tout honneur,
Bb6 C7 Cm6 D7
De joli's pensées interlopes,
G7 A7 Dm C7
De joli's pensées interlopes?

Derrière tes rideaux, dans ton juste milieu,
En attendant l'retour d'un Ulysse de banlieu',
Penché' sur tes travaux de toile,
Les soirs de vague à l'âme et de mélancoli',
N'as-tu jamais en rêve, au ciel d'un autre lit,
Compté de nouvelles étoiles,
Compté de nouvelles étoiles?

N'as-tu jamais encore appelé de tes vœux
L'amourette qui pass', qui vous prend aux cheveux,
Qui vous compte des bagatelles,
Qui met la marguerite au jardin potager,
La pomme défendue aux branches du verger,
Et le désordre à vos dentelles,
Et le désordre à vos dentelles?

N'as-tu jamais souhaité de revoir en chemin
Cet ange, ce démon, qui, son arc à la main,
Décoche des flèches malignes,
Qui rend leur chair de femme aux plus froides statu's,
Les bascul' de leur socl', bouscule leur vertu,
Arrache leur feuille de vigne,
Arrache leur feuille de vigne?

N'aie crainte que le ciel ne t'en tienne rigueur,
Il n'y a vraiment pas là de quoi fouetter un cœur
Qui bat la campagne et galope!
C'est la faute commune et le péché véniel,
C'est la face caché' de la lune de miel
G7 C7 F
Et la rançon de Pénélope,
Et la rançon de Pénélope.

le bistrot

Dm
Dans un coin pourri
C
Du pauvre Paris,
Bb A7
Sur un' place,
Dm
L'est un vieux bistrot
C
Tenu par un gros
Bb A7 Dm
Dégueulasse.

Si t'as le bec fin,
S'il te faut du vin
D' premièr' classe,
Va boire à Passy,
Le nectar d'ici
Te dépasse.

Mais si t'as l' gosier
Qu'une armur' d'acier
Matelasse,
Goûte à ce velours,
Ce petit bleu lourd
De menaces.

Tu trouveras là
La fin' fleur de la
Populace,
Tous les marmiteux,
Les calamiteux
De la place

Qui viennent en rang,
Comme les harengs,
Voir en face
La bell' du bistrot,
La femme à ce gros
Dégueulasse.

Que je boive à fond
L'eau de tout's les fon-
Tain's Wallace,
Si, dès aujourd'hui,
Tu n'es pas séduit
Par la grâce

De cett' joli' fé'
Qui, d'un bouge, a fait
Un palace.
Avec ses appas,
Du haut jusqu'en bas,
Bien en place.

Ces trésors exquis,
Qui les embrass', qui
Les enlace ?
Vraiment, c'en est trop !
Tout ça pour ce gros
Dégueulasse !

C'est injuste et fou,
Mais que voulez-vous
Qu'on y fasse ?
L'amour se fait vieux,
Il a plus les yeux
Bien en face.

Si tu fais ta cour,
Tâch' que tes discours
Ne l'agacent.
Sois poli, mon gars,
Pas de geste ou ga-
Re à la casse !

Car sa main qui claqu',
Punit d'un flic-flac
Les audaces.
Certes, il n'est pas né
Qui mettra le nez
Dans sa tasse.

Pas né, le chanceux
Qui dégèl'ra ce
Bloc de glace,
Qui fera dans l' dos
Les corne' à ce gros
Dégueulasse.

Dans un coin pourri
Du pauvre Paris,
Sur un' place,
Une espèc' de fé',
D'un vieux bouge, a fait
Un palace.

les funérailles d'antan

F# C#7
Jadis, les parents des morts vous mettaient dans le bain,
F# C#7
De bonne grâce ils en f'saient profiter les copains :
F# F#7 B
« Y' a un mort à la maison, si le cœur vous en dit,
G#7 C#7
Venez l' pleurer avec nous sur le coup de midi… »
F# C#7
Mais les vivants aujourd'hui n' sont plus si généreux ;
F# C#7
Quand ils possèdent un mort ils le gardent pour eux.
F# F#7 B
C'est la raison pour laquelle, depuis quelques années,
A#7 D#m G#7 C#
Des tas d'enterrements vous passent sous le nez.
A#7 D#m G#m F# C#7 F# G#7
Des tas d'enterrements vous passent sous le nez.

C# D- D#m G#7
Mais où sont les funéraill's d'antan ?
C#
Les petits corbillards, corbillards, corbillards, corbillards
E#7
De nos grands-pères,
A#m E#7
Qui suivaient la route en cahotant ;
A#m D#7
Les petits macchabées, macchabées, macchabées, macchabées
G#7
Ronds et prospères…
C# D- D#m G#7
Quand les héritiers étaient contents,
C#
Refrain — Au fossoyeur, au croqu'-mort, au curé, aux chevaux même,
C#+ F#
Ils payaient un verre.
B#7 E#m
Elles sont révolu's,
G#m6 A#7 D#m
Elles ont fait leur temps,
G#7 C# A#m D#m G#7 C#
Les belles pom, pom, pom, pom, pom, pompes funèbres,
F# B#7 E#m
On ne les r'verra plus,
G#m6 A#7 D#m
Et c'est bien attristant,
D#m G#7 C# A#m D#m G#7 C# C#7
Les belles pompes funèbres de nos vingt ans.

Maintenant, les corbillards à tombeau grand ouvert
Emportent les trépassés jusqu'au diable vauvert,
Les malheureux n'ont mêm' plus le plaisir enfantin
D' voir leurs héritiers marron marcher dans le crottin.
L'autre semain' des salauds, à cent quarante à l'heur',
Vers un cimetière minable emportaient un des leurs...
Quand, sur un arbre en bois dur, ils se sont aplatis
On s'aperçut qu' le mort avait fait des petits. bis

Refrain

Plutôt qu' d'avoir des obsèqu's manquant de fioritur's,
J'aim'rais mieux, tout compte fait, m' passer de sépultur',
J'aim'rais mieux mourir dans l'eau, dans le feu, n'importe où,
Et même, à la grand' rigueur, ne pas mourir du tout.
Ô, que renaisse le temps des morts bouffis d'orgueil,
L'époque des m'as-tu-vu-dans-mon-joli-cercueil,
Où, quitte à tout dépenser jusqu'au dernier écu,
Les gens avaient à cœur d' mourir plus haut qu' leur cul. bis

Refrain

le mécréant

D G Em7 A7
Est-il en notre temps rien de plus odieux,
D F#m Bm G A7 D
De plus désespérant, que de n'pas croire en Dieu ?

G Em7 A7
J'voudrais avoir la foi, la foi d' mon charbonnier,
D F#m Bm G A7 D
Qui' est heureux comme un pape et con comme un panier.

Mon voisin du dessus, un certain Blais' Pascal,
M'a gentiment donné ce conseil amical :

« Mettez-vous à genoux, priez et implorez,
Faites semblant de croire, et bientôt vous croirez. »

J'me mis à débiter, les rotules à terr',
Tous les *Ave Maria*, tous les *Pater Noster*,

Dans les ru's, les cafés, les trains, les autobus,
Tous les *de profondis*, tous les *morpionibus*...

Sur ces entrefait's-là, trouvant dans les orti's
Un' soutane à ma taill', je m'en suis travesti

Et, tonsuré de frais, ma guitare à la main,
Vers la foi salvatric' je me mis en chemin.

J'tombai sur un boisseau d'punais' de sacristi'.
Me prenant pour un autre, en chœur, elles m'ont dit :

« Mon Pèr', chantez-nous donc quelque refrain sacré,
Quelque sainte chanson dont vous avez l'secret ! »

Grattant avec ferveur les cordes sous mes doigts,
J'entonnai *Le gorille* avec *Putain de toi*.

Criant à l'imposteur, au traître, au papelard,
Ell's veul'nt me fair' subir le supplic' d'Abélard ;

Je vais grossir les rangs des muets du sérail,
Les bell's ne viendront plus se pendre à mon poitrail ;

Grâce à ma voix coupé' j'aurai la plac' de choix
Au milieu des Petits chanteurs à la croix d'bois.

Attiré' par le bruit, un' dam' de Charité,
Leur dit : « Que faites-vous ? Malheureus's arrêtez !

Y'a tant d'homm's aujourd'hui qui' ont un penchant pervers
À prendre obstinément Cupidon à l'envers,

Tant d'hommes dépourvus de leurs virils appas,
À ceux qui en ont encor' ne les enlevons pas ! »

Ces arguments massu' firent un' grosse impression,
On me laissa partir avec des ovations.

Mais, su' l'chemin du ciel, je n'ferai plus un pas,
La foi viendra d'ell'-même ou ell' ne viendra pas.

Je n'ai jamais tué, jamais violé non plus,
Y'a déjà quelque temps que je vole plus ;

Si l'Éternel existe, en fin de compte, il voit
Qu je m'conduis guèr' plus mal que si j'avais la foi.

Embrasse-les tous

Tu n'es pas de cell's qui meur'nt où ell's s'attachent,
Tu frottes ta joue à toutes les moustaches ;
Faut s' lever de bon matin pour voir un ingénu
Qui n' t'ait pas connu' ;
Entré' libre à n'importe qui dans ta ronde,
Cœur d'artichaut, tu donne' un' feuille à tout l' monde ;
Jamais, de mémoire d'homm', moulin n'avait été
Autant fréquenté.

De Pierre à Paul, en passant par Jule' et Félicien,
Embrasse-les tous, bis
Dieu reconnaîtra le sien !
Passe-les tous par tes armes,
Passe-les tous par tes charmes,
Jusqu'à c' que l'un d'eux, les bras en croix,
Tourne de l'œil dans tes bras.
Refrain
Des grands aux p'tits en allant jusqu'aux Lilliputiens,
Embrasse-les tous, bis
Dieu reconnaîtra le sien !
Jusqu'à ce qu'amour s'ensuive,
Qu'à son cœur une plai' vive,
Le plus touché d'entre nous
Demande grâce à genoux.

En attendant le baiser qui fera mouche,
Le baiser qu'on garde pour la bonne bouche,
En attendant de trouver, parmi tous ces galants,
Le vrai merle blanc,
En attendant qu' le p'tit bonheur ne t'apporte
Celui derrièr' qui tu condamn'ras ta porte
En marquant dessus « Fermé jusqu'à la fin des jours
Pour cause d'amour »…

Refrain

Alors toutes tes fredaines,
Guilledous et prétentaines,
Tes écarts, tes grands écarts,
Te seront pardonnés, car
Les fill's quand ça dit « je t'aime »,
C'est comme un second baptême ;
Ça leur donne un cœur tout neuf,
Comme au sortir de son œuf.

Refrain

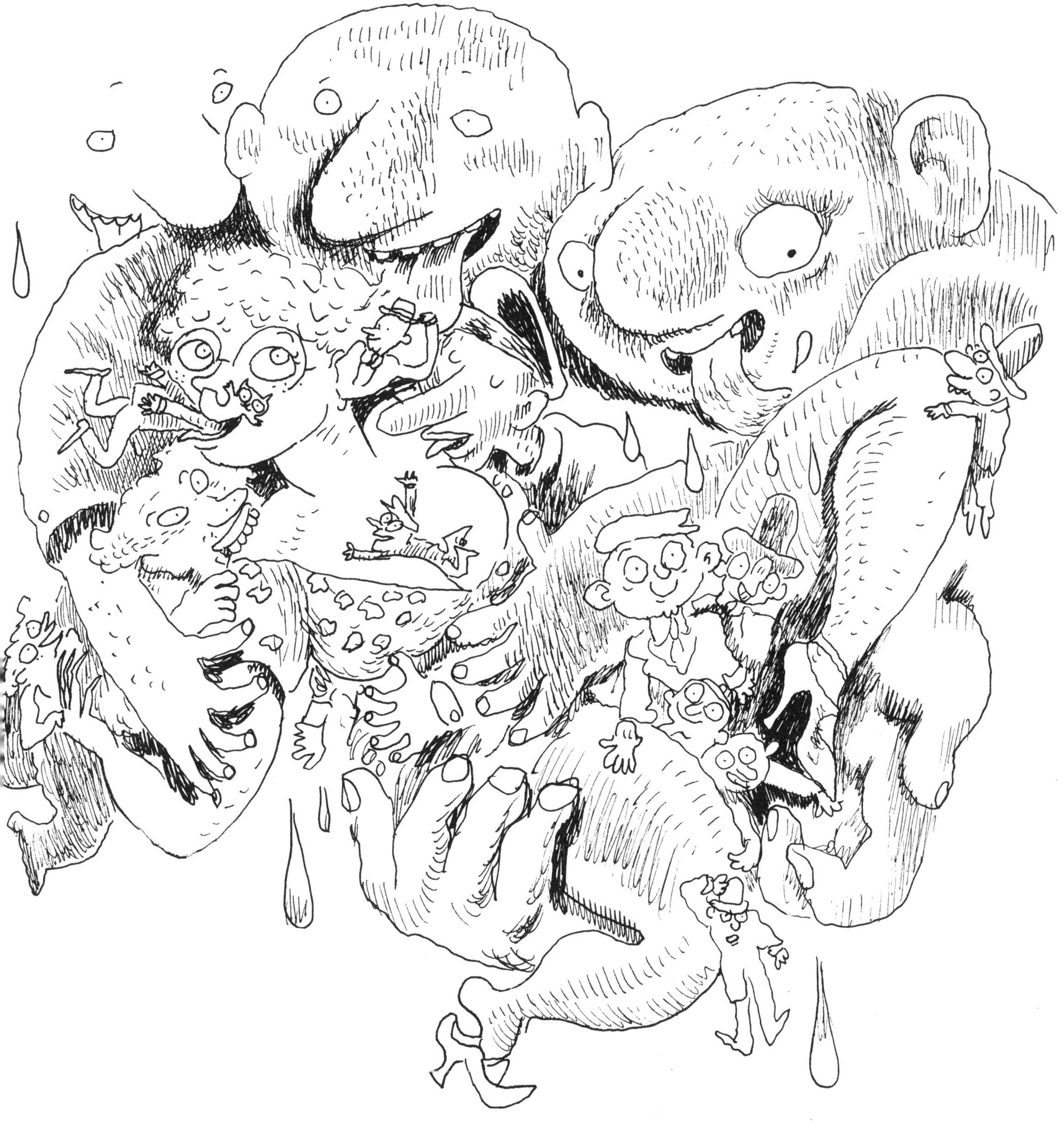

Le temps passé

E7 A
Dans les comptes d'apothicaire,
D7 G
Vingt ans, c'est un' somm' de bonheur.
C7 F
Mes vingt ans sont morts à la guerre,
E F E
De l'autr' côté du champ d'honneur.
E7 A
Si j' connus un temps de chien, certes,
D7 G
C'est bien le temps de mes vingt ans!
C7 F
Cependant, je pleure sa perte,
E F E
Il est mort, c'était le bon temps!

Refrain

Am D Am D
Il est toujours joli, le temps passé.
Am D F C
Un' fois qu'ils ont cassé leur pipe,
Am D Am D
On pardonne à tous ceux qui nous ont offensés:
Am D F A
Les morts sont tous des braves types.

Dans ta petit' mémoire de lièvre,
Bécassine, il t'est souvenu
De notre amour du coin des lèvres,
Amour nul et non avenu,
Amour d'un sou qui n'allait, certes,
Guèr' plus loin que le bout d' son lit.
Cependant, nous pleurons sa perte,
Il est mort, il est embelli!

Refrain

J'ai mis ma tenu' la plus sombre
Et mon masque d'enterrement,
Pour conduire au royaum' des ombres
Un paquet de vieux ossements.
La terr' n'a jamais produit, certes,
De canaille plus consommée.
Cependant, nous pleurons sa perte,
Elle est morte, elle est embaumée!

Refrain

La traîtresse

Am B7 E7 Am
J'en appelle à la mort, je l'attends sans frayeur ;
Am B7 E7 A7
Je n' tiens plus à la vi', je cherche un fossoyeur.
Dm G7 C F7 Bb
Qui' aurait un' tombe à vendre à n'importe quel prix ?
E7 Am B7 E7 Am
J'ai surpris ma maîtresse au bras de son mari,
A7 D6 E7 A F#7 B7 E7 Am
Ma maîtresse, la traîtresse !

J' croyais tenir l'amour au bout de mon harpon ;
Mon p'tit drapeau flottait au cœur d' madam' Dupont,
Mais tout est consommé : hier soir, au coin d'un bois,
J'ai surpris ma maîtresse avec son mari, pouah !
Ma maîtresse, la traîtresse !

Trouverais-je les noms, trouverais-je les mots,
Pour noter d'infami' cet enfant de chameau
Qui' a choisi son époux pour tromper son amant,
Qui' a conduit l'adultère à son point culminant ?
Ma maîtresse, la traîtresse !

Où donc avais-j' les yeux ? Quoi donc avais-j' dedans ?
Pour pas m'être aperçu depuis un certain temps
Que, quand ell' m'embrassait , ell' semblait moins goulu'
Et faisait des enfants qui n' me ressemblaient plus ?
Ma maîtresse, la traîtresse !

Et pour bien m'enfoncer la corne dans le cœur,
Par un raffinement satanique, moqueur,
La perfide, à voix haute, a dit à mon endroit :
« Le plus cornard des deux n'est point celui qu'on croit. »
Ma maîtresse, la traîtresse !

J'ai surpris les Dupont, ce couple de marauds,
En train d' recommencer leur hymen à zéro,
J'ai surpris ma maîtresse équivoque, ambigu',
En train d'intervertir l'ordre de ses cocus.
Ma maîtresse, la traîtresse !

Dans l'eau de la claire fontaine

D F#7
Dans l'eau de la claire fontaine
Bm D7
Elle se baignait toute nue.
G F#7
Une saute de vent soudaine
Bm F#7 Bm
Jeta ses habits dans les nues.

En détresse, elle me fit signe,
Pour la vêtir, d'aller chercher
Des morceaux de feuilles de vigne,
Fleurs de lis ou fleurs d'oranger.

Avec des pétales de rose,
Un bout de corsage lui fis.
Mais la belle n'était pas bien grosse :
Une seule rose a suffi.

Avec le pampre de la vigne,
Un bout de cotillon lui fis.
Mais la belle était si petite
Qu'une seule feuille a suffi.

Elle me tendit ses bras, ses lèvres,
Comme pour me remercier…
Je les pris avec tant de fièvre
Qu'ell' fut toute déshabillée.

Le jeu dut plaire à l'ingénue,
Car, à la fontaine, souvent,
Ell' s'alla baigner toute nue
En priant qu'il fît du vent,
Qu'il fît du vent…

Le temps ne fait rien à l'affaire

Am G
Quand ils sont tout neufs,
F
Qu'ils sortent de l'œuf,
E Am
Du cocon,
G
Tous les jeunes blancs-becs
F
Prennent les vieux mecs
G7 C E
Pour des cons.
Am G
Quand ils sont d'venus
F
Des têtes chenu's,
E Am
Des grisons,
G
Tous les vieux fourneaux
F
Prennent les jeunots
Em Am
Pour des cons.
A7 Dm
Moi, qui balance entre deux âges,
G7 C Dm6 E
J' leur adresse à tous un message:

Refrain

A
Le temps ne fait rien à l'affaire,
F#7 Bm
Quand on est con, on est con.
Qu'on ait vingt ans, qu'on soit grand-père,
E E+ A
Quand on est con, on est con.
A
Entre vous, plus de controverses,
A7 A+ D
Cons caducs ou cons débutants,
Dm6 A
Petits cons d' la dernière averse,
Bm C#
Vieux cons des neiges d'antan.
D Dm6 A F#7 Bm
Petits cons d' la dernière averse,
E7 Am
Vieux cons des neiges d'antan.

Vous, les cons naissants,
Les cons innocents,
Les jeun's cons
Qui, n' le niez pas,
Prenez les papas
Pour des cons.
Vous, les cons âgés,
Les cons usagés,
Les vieux cons
Qui, confessez-le,
Prenez les p'tits bleus
Pour des cons,
Méditez l'impartial message
D'un qui balance entre deux âges:

Refrain

La ballade des cimetières

Am F Am
J'ai des tombeaux en abondance,
G7 C E7
Des sépultur' à discrétion ;
Am F Am Am
Dans tout cim'tièr' d' quelque importance
J'ai ma petite concession.
Am F Am
De l'humble tertre au mausolée,
G7 C E7
Avec toujours quelqu'un dedans,
Am F Am Am
J'ai des p'tit's boss's plein les allées,
Et je suis triste, cependant…

A F#7 Bm E7
Car j' n'en ai pas, et ça m'agace,
A F#7 Bm E7
Et ça défrise mon blason,
A F#7 Bm E7
Au cimetièr' du Montparnasse,
A A+ D
À quatre pas de ma maison. bis

J'en possède au Père-Lachaise,
À Bagneux, à Thiais, à Pantin,
Et jusque, ne vous en déplaise,
Au fond du Cimetièr' Marin,
À la vill' comm' à la campagne,
Partout où l'on peut faire un trou,
J'ai mêm' des tombeaux en Espagne
Qu'on me jalouse peu ou prou…

Mais j' n'en ai pas la moindre trace,
Le plus humble petit soupçon,
Au cimetièr' du Montparnasse,
À quatre pas de ma maison. *bis*

Le jour des morts, je cours, je vole,
Je vais infatigablement,
De nécropole en nécropole,
De pierr' tombale en monument.
On m'entrevoit sous un' couronne
D'immortelles à Champerret.
Un peu plus tard, c'est à Charonne
Qu'on m'aperçoit sous un cyprès…

Mais, seul, un fourbe aura l'audace,
De dir' : « J' l'ai vu à l'horizon,
Du cimetièr' du Montparnasse,
À quatre pas de sa maison. » *bis*

Devant l' château d' ma grand-tante,
La marquise de Carabas,
Ma saint' famille languit d'attente :
Mourra-t-ell', mourra-t-elle pas ?
L'un veut son or, l'autre veut ses meubles,
Qui ses bijoux, qui ses bib'lots,
Qui ses forêts, qui ses immeubles,
Qui ses tapis, qui ses tableaux…

Moi je n'implore qu'une grâce,
C'est qu'ell' pass' la morte-saison
Au cimetièr' du Montparnasse,
À quatre pas de ma maison. *bis*

Ainsi chantait, la mort dans l'âme,
Un jeun' homm' de bonne tenue,
En train de ranimer la flamme
Du soldat qui lui était connu.
Or, il advint qu' le ciel eut marr' de
L'entendre parler d' ses caveaux.
Et Dieu fit signe à la camarde
De l'expédier ru' Froidevaux…

Mais les croqu'-morts, qui étaient de Chartre',
Funeste erreur de livraison,
Menèr'nt sa dépouille à Montmartre,
De l'autr' côté de sa maison. *bis*

La complainte des filles de joie

Bm Bm
Bien que ces vaches de bourgeois
G F#
Bien que ces vaches de bourgeois
Bm
Les appell'nt des filles de joi',
G F#
Les appell'nt des filles de joi',
D D#7 Em
C'est pas tous les jours qu'ell's rigolent,
Bm F#7
Parole, parole,
Bm Em G
C'est pas tous les jours qu'ell's rigolent.

Car, même avec des pieds de grues, bis
Fair' les cent pas le long des rues bis
C'est fatigant pour les guibolles,
Parole, parole,
C'est fatigant pour les guibolles.

Non seulement ell's ont des cors, bis
Des œils-de-perdrix, mais encor bis
C'est fou ce qu'ell's usent de grolles,
Parole, parole,
C'est fou ce qu'ell's usent de grolles.

Y'a des clients, y'a des salauds bis
Qui se trempent jamais dans l'eau. bis
Faut pourtant qu'elles les cajolent,
Parole, parole,
Faut pourtant qu'elles les cajolent.

Qu'ell's leur fassent la courte échell' bis
Pour monter au septième ciel. bis
Les sous, croyez pas qu'ell's les volent,
Parole, parole,
Les sous, croyez pas qu'ell's les volent.

Ell's sont méprisé's du public, bis
Ell's sont bousculé's par les flics, bis
Et menacé's de la vérole,
Parole, parole,
Et menacé's de la vérole.

Bien qu' tout' la vie ell's fass'nt l'amour, bis
Qu'ell's se marient vingt fois par jour, bis
La noce est jamais pour leur fiole,
Parole, parole,
La noce est jamais pour leur fiole.

Fils de pécore et de minus, bis
Ris pas de la pauvre Vénus, bis
La pauvre vieille casserole,
Parole, parole,
La pauvre vieille casserole.

Il s'en fallait de peu, mon cher, bis
Que cett' putain ne fût ta mère, bis
Cette putain dont tu rigoles,
Parole, parole,
Cette putain dont tu rigoles.

La fille à cent sous

D Em
Du temps que je vivais dans le troisièm' dessous,
D D E A7
Ivrogne, immonde, infâme,
D Em
Un plus soûlaud que moi, contre un' pièc' de cent sous,
D E A7 D C7
M'avait vendu sa femme.

F Gm Gm
Quand je l'eus mise au lit, quand j' voulus l'étrenner,
F G7 C7
Quand j' fis voler sa jupe,
F Gm
Il m'apparut alors qu' j'avais été berné
F G7 C7 F A7
Dans un marché de dupe.

«Remball' tes os, ma mie, et garde tes appas,
Tu es bien trop maigrelette,
Je suis un bon vivant, ça n'me concerne pas
D'étreindre des squelettes.

Retourne à ton mari, qu'il garde les cent sous,
J' n'en fais pas une affaire.»
Mais ell' me répondit, le regard en dessous :
«C'est vous que je préfère…

J' suis pas bien gross', fit-ell', d'une voix qui se nou',
Mais ce n'est pas ma faute...»
Alors, moi, tout ému, j' la pris sur mes genoux
Pour lui compter les côtes.

«Toi qu' j'ai payé' cent sous, dis-moi quel est ton nom,
Ton p'tit nom de baptême?
– Je m'appelle Ninette. – Eh bien, pauvre Ninon,
Console-toi, je t'aime.»

Et ce brave sac d'os dont j' n'avais pas voulu,
Même pour une thune,
M'est entré dans le cœur et n'en sortirait plus
Pour toute une fortune.

Du temps que je vivais dans le troisièm' dessous,
Ivrogne, immonde, infâme,
Un plus soûlaud que moi, contre un' pièc' de cent sous,
M'avait vendu sa femme.

Je rejoindrai ma belle

Bm C#7 F#7
À l'heure du berger,
B#7 Em
Au mépris du danger,
A7 D
J' prendrai la passerelle
Em F#7
Pour rejoindre ma belle,
Bm C#7 F#7
À l'heure du berger,
B7 Em
Au mépris du danger,
A7 D F#7 Bm
Et nul n'y pourra rien changer.

B7 E7
Tombant du haut des nues,
A7 D7
La bourrasque est venue
G F#7 Bm
Souffler dessus la passerelle,
B7 E7
Tombant du haut des nues,
A7 D7
La bourrasque est venue,
G F#7 Bm
Les passerelle', il y en a plus.

Si les vents ont cru bon
De me couper les ponts,
J' prendrai la balancelle
Pour rejoindre ma belle ;
Si les vents ont cru bon,
De me couper les ponts,
J'embarquerai dans l'entrepont.

Tombant du haut des nu's,
Les marins sont venus
Lever l'ancre à la balancelle,
Tombant du haut des nu's,
Les marins sont venus,
Des balancelle', il y en a plus.

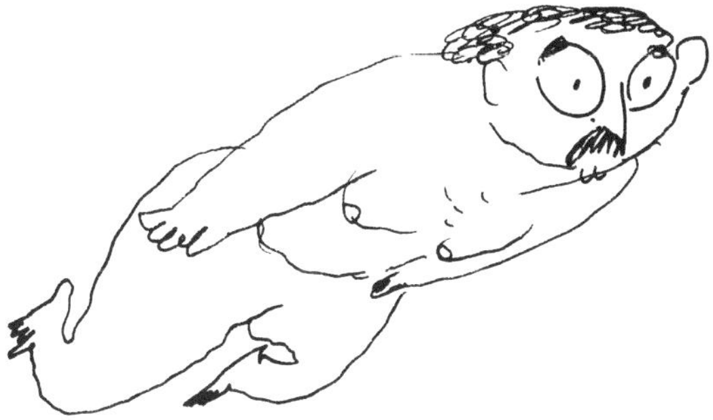

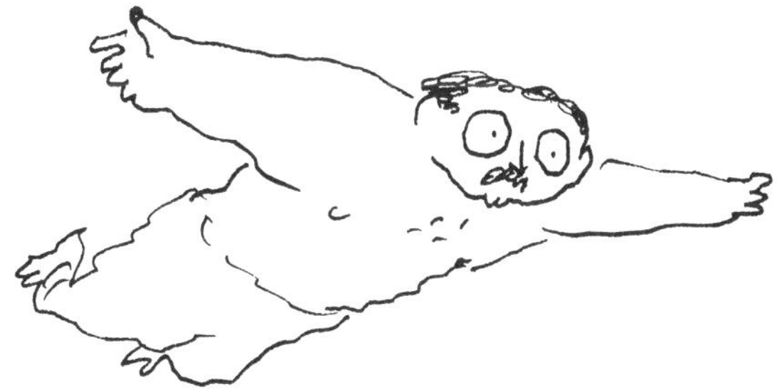

Si les forbans des eaux
Ont volé mes vaisseaux,
Y me pouss'ra des ailes
Pour rejoindre ma belle ;
Si les forbans des eaux
Ont volé mes vaisseaux,
J' prendrai le chemin des oiseaux.

Si c'est mon triste lot
De faire un trou dans l'eau,
Racontez à la belle
Que je suis mort fidèle,
Et qu'ell' daigne à son tour
Attendre quelques jours
Pour filer de nouvell's amours.

Les chasseurs à l'affût
Te tireront dessus,
Adieu les plumes ! adieu les ailes !
Les chasseurs à l'affût
Te tireront dessus,
De tes amours, y en aura plus.

Tonton Nestor

Tonton Nestor,
Vous eûtes tort,
Je vous le dis tout net.
Vous avez mis
La zizani'
Aux noces de Jeannett'.
Je vous l'avou',
Tonton, vous vous
Comportâtes comme un
Mufle achevé,
Rustre fieffé,
Un homme du commun.

Quand la fiancé',
Les yeux baissés,
Des larmes pleins les cils,
S'apprêtait à
Dire « Oui da ! »
À l'officier civil,
Qu'est-c' qui vous prit,
Vieux malappris,
D'aller, sans retenue,
Faire un pinçon
Cruel en son
Éminence charnue ?

Se retournant
Incontinent,
Ell' souffleta, flic-flac !
L' garçon d'honneur
Qui, par bonheur,
Avait un' tête à claqu',
Mais au lieu du
« Oui » attendu,
Ell' s'écria : « Maman ! »
Et l' mair' lui dit :
« Non, mon petit,
Ce n'est pas le moment. »

Quand la fiancé',
Les yeux baissés,
D'une voix solennell',
S'apprêtait à
Dire « Oui da ! »
Par-devant l'Éternel,
Voilà mechef
Que, derechef,
Vous osâtes porter
Votre fichue
Patte crochue
Sur sa rotondité.

Se retournant
Incontinent,
Elle moucha le nez
D'un enfant d'chœur
Qui, par bonheur,
Était enchifrené,
Mais au lieu du
«Oui» attendu,
De sa pauvre voix lass',
Au tonsuré
Désemparé
Elle a dit «Merde», hélas!

Quoiqu'elle usât,
Qu'elle abusât
Du droit d'être fessu',
En la pinçant,
Mauvais plaisant,
Vous nous avez déçus.
Aussi, ma foi,
La prochain' fois
Qu'on mariera Jeannett',
On s' pass'ra d'vous.
Tonton, je vous,
Je vous le dis tout net.

Les trompettes de la renommée

Am F#- B7 Em
Je vivais à l'écart de la place publique,
Gm6 A7 Dm G7 C
Serein, contemplatif, ténébreux, bucolique…
F Bb E7 Am
Refusant d'acquitter la rançon de la gloir',
Dm Am B7 E7
Sur mon brin de laurier je dormais comme un loir.
Am F#- B7 Em
Les gens de bon conseil ont su me fair' comprendre
Gm6 A7 Dm G7 C
Qu'à l'homme de la ru' j'avais des compt's à rendre
F Bb E7 Am
Et que, sous peine de choir dans un oubli complet,
B7 E7 Am
J' devais mettre au grand jour tous mes petits secrets.

Refrain

C
Trompettes
E7
De la renommée,
Am
Vous êtes
Em Am
Bien mal embouchées !

Manquant à la pudeur la plus élémentaire,
Dois-je, pour les besoins d' la caus' publicitaire,
Divulguer avec qui, et dans quell' position
Je plonge dans le stupre et la fornication ?
Si je publi' des noms, combien de Pénélopes
Passeront illico pour de fieffé's salopes,
Combien de bons amis me r'gard'ront de travers,
Combien je recevrai de coups de revolver !

Refrain

À toute exhibition, ma nature est rétive ;
Souffrant d'un' modesti' quasiment maladive,
Je ne fais voir mes organes procréateurs
À personne, excepté mes femm's et mes docteurs.
Dois-je, pour défrayer la chroniqu' des scandales,
Battre l' tambour avec mes parti's génitales,
Dois-je les arborer plus ostensiblement,
Comme un enfant de chœur porte un saint sacrement ?

Refrain

Une femme du monde, et qui souvent me laisse
Fair' mes quat' voluptés dans ses quartiers d' noblesse,
M'a sournois'ment passé, sur son divan de soi',
Des parasit's du plus bas étage qui soit…
Sous prétexte de bruit, sous couleur de réclame,
Ai-j' le droit de ternir l'honneur de cette dame
En criant sur les toits, et sur l'air des lampions :
« Madame la marquis' m'a foutu des morpions ! » ?

Refrain

Le ciel en soit loué, je vis en bonne entente
Avec le pèr' Duval, la calotte chantante,
Lui, le catéchumène, et moi, l'énergumèn',
Il me laisse dire «merd'», je lui laiss' dire «amen».
En accord avec lui, dois-je écrir' dans la presse
Qu'un soir je l'ai surpris aux genoux d' ma maîtresse,
Chantant la mélopé' d'une voix qui susurre,
Tandis qu'ell' lui cherchait des poux dans la tonsure?

Refrain

Avec qui, ventrebleu! faut-il que je couche
Pour fair' parler un peu la déesse aux cent bouches?
Faut-il qu'un' femme célèbre, une étoile, une star,
Vienn' prendre entre mes bras la plac' de ma guitar'?
Pour exciter le peuple et les folliculaires,
Qui'est-c' qui veut m' prêter sa croupe populaire,
Qui'est-c' qui veut m' laisser faire, *in naturalibus*,
Un p'tit peu d'alpinism' sur son mont de Vénus?

Refrain

Sonneraient-ell's plus fort, ces divines trompettes,
Si, comm' tout un chacun, j'étais un peu tapette,
Si je me déhanchais comme une demoiselle
Et prenais tout à coup des allur's de gazelle?
Mais je ne sache pas qu'ça profite à ces drôles
De jouer le jeu d' l'amour en inversant les rôles,
Qu'ça confère à leur gloire un' onc' de plus-valu';
Le crim' pédérastique, aujourd'hui, ne pai' plus.

Refrain

Après c'tour d'horizon des mille et un' recettes
Qui vous val'nt à coup sûr les honneurs des gazettes,
J'aime mieux m'en tenir à ma premièr' façon
Et me gratter le ventre en chantant des chansons.
Si le public en veut, je les sors dare-dare;
S'il n'en veut pas je les remets dans ma guitare.
Refusant d'acquitter la rançon de la gloir',
Sur mon brin de laurier je m'endors comme un loir.

Refrain

Les amours d'antan

D C#m
Moi, mes amours d'antan c'était de la grisette :
Em F#7
Margot, la blanche caille, et Fanchon, la cousette…
E7 A A7
Pas la moindre noblesse, excusez-moi du peu ;
D D C#m
C'étaient, me direz-vous, des grâces roturières,
Em F#7
Des nymphes de ruisseau, des Vénus de barrière…
E7 A A7
Mon prince, on a les dam's du temps jadis qu'on peut.

Car le cœur à vingt ans se pose où il se pose,
Le premier cotillon venu vous en impose,
La plus humble bergère est un morceau de roi.
Ça manquait de marquise, on connut la soubrette,
Faute de fleur de lys on eut la pâquerette,
Au printemps Cupidon fait flèche de tout bois…

On rencontrait la belle aux Puces, le dimanche:
«Je te plais, tu me plais...» et c'était dans la manche,
Et les grands sentiments n'étaient pas de rigueur.
«Je te plais, tu me plais... Viens donc, beau militaire...»
Dans un train de banlieue on partait pour Cythère,
On n'était pas tenu mêm' d'apporter son cœur...

Mimi, de prime abord, payait guère de mine,
Chez son fourreur sans doute on ignorait l'hermine,
Son habit sortait point de l'atelier d'un dieu...
Mais quand, par-dessus le moulin de la Galette,
Elle jetait pour vous sa parure simplette,
C'est Psyché tout entier' qui vous sautait aux yeux.

Au second rendez-vous y' avait parfois personne,
Elle avait fait faux bond, la petite amazone;
Mais l'on ne courait pas se pendre pour autant...
La marguerite commencée avec Suzette,
On finissait de l'effeuiller avec Lisette
Et l'amour y trouvait quand même son content.

C'étaient, me direz-vous, des grâces roturières,
Des nymphes de ruisseau, des Vénus de barrière...
Mais c'étaient mes amours, excusez-moi du peu,
Des Manon, des Mimi, des Suzon, des Musette,
Margot, la blanche caille, et Fanchon, la cousette,
Mon prince, on a les dam's du temps jadis qu'on peut...

La guerre de 14-18

D
Depuis que l'homme écrit l'Histoire,
Depuis qu'il bataille à cœur joie
D7
Entre mille et une guerr' notoires,
Si j'étais t'nu de faire un choix,
G A7 D
À l'encontre du vieil Homère,
G C#7 F#m
Je déclarais tout de suit':
D7 G A7 Bm
«Moi, mon colon, cell' que j' préfère,
B7 Em A7 D
C'est la guerr' de quatorz'-dix-huit!»
D7 G A7 Bm
«Moi, mon colon, cell' que j' préfère,
D Em A7 D
C'est la guerr' de quatorz'-dix-huit!»

Est-ce à dire que je méprise
Les nobles guerres de jadis,
Que je m' souci' comm' d'un' cerise
De celle de soixante-dix?
Au contrair', je la révère
Et lui donne un *satisfecit*;
Mais, mon colon, celle que j' préfère,
C'est la guerr' de quatorz'-dix-huit! (bis)

Je sais que les guerriers de Sparte
Plantaient pas leurs épé's dans l'eau,
Que les grognards de Bonaparte
Tiraient pas leur poudre aux moineaux…
Leurs faits d'armes sont légendaires,
Au garde-à-vous, je les félicit';
Mais, mon colon, celle que j' préfère,
C'est la guerr' de quatorz'-dix-huit! *bis*

Bien sûr, celle de l'an quarante
Ne m'a pas tout à fait déçu,
Elle fut longue et massacrante
Et je ne crache pas dessus,
Mais à mon sens, elle ne vaut guère,
Guèr' plus qu'un premier accessit.
Moi, mon colon, celle que j' préfère,
C'est la guerr' de quatorz'-dix-huit! *bis*

Mon but n'est pas de chercher noise
Aux guérillas, non, fichtre! non.
Guerres saintes, guerres sournoises
Qui n'osent pas dire leur nom,
Chacune a quelque chos' pour plaire,
Chacune a son petit mérit';
Mais, mon colon, celle que j' préfère,
C'est la guerr' de quatorz'-dix-huit! *bis*

Du fond de son sac à malices,
Mars va sans doute, à l'occasion,
En sortir une – un vrai délice! –
Qui me fera grosse impression…
En attendant, je persévère
À dir' que ma guerr' favorit',
Cell', mon colon, que j' voudrais faire,
C'est la guerr' de quatorz'-dix-huit! *bis*

L'assassinat

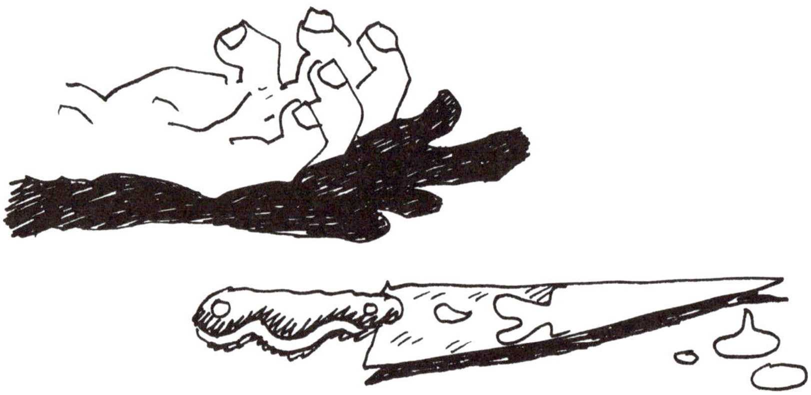

Em F#7 Bm
C'est pas seulement à Paris
A7 D
Que le crime fleurit,
Bm D C
Nous, au village, aussi, l'on a,
Bm
De beaux assassinats.
D C
Nous, au village, aussi, l'on a
Bm F#m Bm
De beaux assassinats.

Il avait la tête chenu'
Et le cœur ingénu,
Il eut un retour de printemps,
Pour une de vingt ans. (bis)

Mais la chair fraîch', la tendre chair,
Mon vieux, ça coûte cher.
Au bout de cinq à six baisers,
Son or fut épuisé. (bis)

Quand sa menotte elle a tendu',
Triste, il a répondu
Qu'il était pauvre comme Job,
Elle a remis sa rob'. (bis)

Elle alla quérir son coquin
Qui' avait l'appât du gain.
Sont revenus chez le grigou,
Faire un bien mauvais coup. (bis)

Et pendant qu'il le lui tenait,
Elle l'assassinait.
On dit que, quand il expira,
La langue ell' lui montra. (bis)

Mirent tout sens dessus dessous,
Trouvèrent pas un sou,
Mais des lettres de créanciers,
Mais des saisi's d'huissiers. (bis)

Alors, prise d'un vrai remords,
Elle eut chagrin du mort
Et, sur lui, tombant à genoux,
Ell' dit : « Pardonne-nous ! » bis

Quand les gendarm's sont arrivés,
En pleurs ils l'ont trouvé'.
C'est une larme au fond des yeux,
Qui lui valut les cieux. bis

Et, le matin qu'on la pendit,
Ell' fut en paradis.
Certains dévots depuis ce temps
Sont un peu mécontents. bis

C'est pas seulement à Paris
Que le crime fleurit,
Nous, au village, aussi, l'on a
De beaux assassinats. bis

Jeanne

Em Em
Chez Jeanne, la Jeanne,
F#7 Em F#7
Son auberge est ouverte aux gens sans feu ni lieu,
Em Bm F#7
On pourrait l'appeler l'auberge du Bon Dieu
Em F#7
S'il n'en existait déjà une,
Bm A
La dernière où l'on peut entrer
G F#7 C#7 F#7 Em
Sans frapper, sans montrer patte blanche…

Chez Jeanne, la Jeanne,
On est n'importe qui, on vient n'importe quand,
Et, comme par miracle, par enchantement,
On fait parti' de la famille,
Dans son cœur, en s' poussant un peu,
Reste encore une petite place…

La Jeanne, la Jeanne,
Elle est pauvre et sa table est souvent mal servie,
Mais le peu qu'on y trouve assouvit pour la vie,
Par la façon qu'elle le donne,
Son pain ressemble à du gâteau
Et son eau à du vin comm' deux gouttes d'eau…

La Jeanne, la Jeanne,
On la pai' quand on peut des prix mirobolants :
Un baiser sur son front ou sur ses cheveux blancs,
Un semblant d'accord de guitare,
L'adresse d'un chat échaudé
Ou d'un chien tout crotté comm' pourboire…

La Jeanne, la Jeanne,
Dans ses rose' et ses choux n'a pas trouvé d'enfant,
Qu'on aime et qu'on défend contre les quatre vents,
Et qu'on accroche à son corsage,
Et qu'on arrose avec son lait…
D'autres qu'elle en seraient tout' chagrines…

Mais Jeanne, la Jeanne,
Ne s'en souci' pas plus que de colin-tampon,
Être mère de trois poulpiquets, à quoi bon!
Quand elle est mère universelle,
Quand tous les enfants de la terre,
De la mer et du ciel sont à elle...

La marguerite

A
La petite
Marguerite
E7 A
Est tombé',
Singulière,
Du bréviaire
E7 A A7
De l'abbé.

D
Trois pétales
D
De scandale
A
Sur l'autel ;
Bm
Indiscrète
E7
Pâquerette,
F#7
D'où vient-ell' ?

Bm
Trois pétales
E7
De scandale
A
Sur l'autel ;
Bm
Indiscrète
E7
Pâquerette,
A
D'où vient-ell' ?

Dans l'enceinte
Sacro-sainte,
Quel émoi !
Quelle affaire,
Oui, ma chère,
Croyez-moi !

La frivole
Fleur qui vole,
Arrive en
Contrebande
Des plat's-bandes
Du couvent. *(bis)*

Notre Père
Qui, j'espère,
Êtes aux cieux,
N'ayez cure
Des murmures
Malicieux.

La légère
Fleur, peuchère !
Ne vient pas
De nonnettes,
De cornettes
En sabbat. *(bis)*

Sachez, diantre !
Qu'un jour, entre
Deux *Ave*,
Sur la pierre
D'un calvaire
Il l'a trouvé'.

Et l'a mise,
Chose admise
Par le ciel,
Sans ambages,
Dans les pages
Du missel. *(bis)*

Que ces messes
Basses cessent,
Je vous en prie.
Non, le prêtre
N'est pas traître
À Marie.

Que personne
Ne soupçonne,
Puis jamais,
La petite
Marguerite,
Ah ! ça mais… *(bis)*

Ah... pardon!
J'avais oublié
que le Petit cheval blanc
c'était pas de vous.

Le petit joueur de flûteau

D Bm A7 D
Le petit joueur de flûteau
Bm A7 D
Menait la musique au château.
Bm A7 D
Pour la grâce de ses chansons
Bm A7 D
Le roi lui offrit un blason.
Em Bm F#7
«Je ne veux pas être noble,
Em Bm A7 D
Répondit le croque-note,
Em A7 D
Avec un blason à la clé,
Bm G A7 Am6 B7
Mon *la* se mettrait à gonfler ;
Em F#7 Bm
On dirait, par tout le pays :
E7 A7 D
"Le joueur de flûte a trahi."

Et mon pauvre petit clocher
Me semblerait trop bas perché ;
Je ne plierais plus les genoux
Devant le Bon Dieu de chez nous ;
Il faudrait à ma grande âme,
Tous les saints de Notre-Dame ;
Avec un évêque à la clé,
Mon *la* se mettrait à gonfler ;
On dirait, par tout le pays :
"Le joueur de flûte a trahi."

Et la chambre où j'ai vu le jour
Me serait un triste séjour,
Je quitterai mon lit mesquin,
Pour une couche à baldaquin ;
Je changerais ma chaumière,
Pour une gentilhommière ;
Avec un manoir à la clé,
Mon *la* se mettrait à gonfler ;
On dirait, par tout le pays :
"Le joueur de flûte a trahi."

Je serai honteux de mon sang,
Des aïeux de qui je descends,
On me verrait bouder dessus
La branche dont je suis issu,
Je voudrais un magnifique,
Arbre généalogique ;
Avec du sang bleu à la clé,
Mon *la* se mettrait à gonfler ;
On dirait, par tout le pays :
"Le joueur de flûte a trahi."

Je ne voudrais plus épouser
Ma promise, ma fiancée,
Je ne donnerais pas mon nom
À une quelconque Ninon,
Il me faudrait pour compagne
La fille d'un grand d'Espagne ;
Avec un' princesse à la clé,
Mon *la* se mettrait à gonfler ;
On dirait, par tout le pays :
"Le joueur de flûte a trahi."»

Le petit joueur de flûteau
Fit la révérence au château.
Sans armoiri's, sans parchemin,
Sans gloire, il se mit en chemin
Vers son clocher, sa chaumine,
Ses parents et sa promise…
Nul ne dise dans le pays :
« Le joueur de flûte a trahi. »
Et Dieu reconnaisse pour sien
Le brave petit musicien !

Saturne

C#7 F#m
Il est morne, il est taciturne,
E7 A
Il préside aux choses du temps,
C#7 D
Il porte un joli nom, « Saturne »,
Bm E7 A
Mais c'est un dieu fort inquiétant.
C#7 D
Il porte un joli nom, « Saturne »,
F#m C#7 F#m
Mais c'est un dieu fort inquiétant.

En allant son chemin, morose,
Pour se désennuyer un peu,
Il joue à bousculer les roses,
Le temps tu' le temps comme il peut. (bis)

Cette saison, c'est toi, ma belle,
Qui as fait les frais de son jeu,
Toi qui as payé la gabelle,
Un grain de sel dans tes cheveux. (bis)

C'est pas vilain, les fleurs d'automne,
Et tous les poètes l'ont dit ;
Je te regarde et je te donne
Mon billet qu'ils n'ont pas menti. (bis)

Viens encor', viens ma favorite,
Descendons ensemble au jardin,
Viens effeuiller la marguerite
De l'été de la Saint-Martin. (bis)

Je sais par cœur toutes tes grâces
Et, pour me les faire oublier,
Il faudra que Saturne en fasse
Des tours d'horlog' de sablier !
Et la petit' pisseus' d'en face
Peut bien aller se rhabiller. (bis)

MELENCOLIA

La route aux quatre chansons

G D7
J'ai pris la route de Dijon
G D7
Pour voir un peu la Marjolaine,
G D7
La belle, digue digue don,
G D7
Qui pleurait près de la fontaine.
G D7
Mais elle avait changé de ton,
G D7
Il lui fallait des ducatons
G D7
Dedans son bas de laine
G Cm F7
Pour n'avoir plus de peine.
Bb F7
Elle m'a dit : « Tu viens, chéri ?
Bb F7
Et si tu me pay's un bon prix,
Bb Cm F
Aux anges je t'emmène,
Bb Cm D7
Digue digue don daine. »
G C D7 G
La Marjolain' pleurait surtout
C D7 G
Quand elle n'avait pas de sous.
C D7 G
La Marjolain' de la chanson
C D7 G
Avait de plus nobles façons.

J'ai passé le pont d'Avignon
Pour voir un peu les belles dames
Et les beaux messieurs tous en rond
Qui dansaient, dansaient, corps et âmes.
Mais ils avaient changé de ton,
Ils faisaient fi des rigodons,
Menuets et pavanes,
Tarentelles, sardanes,
Et les bell's dam's m'ont dit ceci :
« Étranger, sauve-toi d'ici
Ou l'on donne l'alarme
Aux chiens et aux gendarmes ! »
Quelle mouch' les a donc piquées,
Ces belles dam's si distinguées ?
Les belles dam's de la chanson
Avaient de plus nobles façons.

Je me suis fait fair' prisonnier,
Dans les vieilles prisons de Nantes,
Pour voir la fille du geôlier
Qui, paraît-il, est avenante.
Mais elle avait changé de ton.
Quand j'ai demandé : « Que dit-on
Des affaires courantes,
Dans la ville de Nantes ? »
La mignonne m'a répondu :
« On dit que vous serez pendu
Aux matines sonnantes,
Et j'en suis bien contente ! »
Les geôlières n'ont plus de cœur
Aux prisons de Nante' et d'ailleurs.
La geôlière de la chanson
Avait de plus nobles façons.

Voulant mener à bonne fin
Ma folle course vagabonde,
Vers mes pénates je revins
Pour dormir auprès de ma blonde,
Mais elle avait changé de ton.
Avec elle, sous l'édredon,
Il y avait du monde
Dormant près de ma blonde.
J'ai pris le coup d'un air blagueur,
Mais, en cachette, dans mon cœur,
La peine était profonde,
L' chagrin lâchait la bonde.
Hélas ! du jardin de mon père,
La colombe s'est fait la paire...
Par bonheur, par consolation,
Me sont resté's les quatr' chansons.

Les copains d'abord

A7 D
Non ce n'était pas le radeau
De la méduse ce bateau,
E7
Qu'on se le dise au fond des ports,
Dise au fond des ports.
G
Il naviguait en pèr' peinard
F# F#7
Sur la grand-mare des canards
Bm E7
Et s'app'lait «Les Copains d'abord»
A7
«Les Copains d'abord».

Ses *fluctuat nec mergitur*
C'était pas d' la littératur',
N'en déplaise aux jeteurs de sort,
Aux jeteurs de sort,
Son capitaine et ses mat'lots
N'étaient pas des enfants d'salauds,
Mais des amis franco de port,
Des copains d'abord.

C'étaient pas des amis de lux',
Des petits Castor et Pollux,
Des gens de Sodome et Gomorrh',
Sodome et Gomorrh',
C'étaient pas des amis choisis
Par Montaigne et La Boéti',
Sur le ventre ils se tapaient fort,
Les copains d'abord.

C'étaient pas des anges non plus,
L'Évangile, ils l'avaient pas lu,
Mais ils s'aimaient tout's voil's dehors,
Tout's voil's dehors.
Jean, Pierre, Paul et compagnie,
C'était leur seule litanie,
Leur *Credo*, leur *Confiteor*,
Aux copains d'abord.

Au moindre coup de Trafalgar,
C'est l'amitié qui prenait l' quart,
C'est elle qui leur montrait le nord,
Leur montrait le nord.
Et quand ils étaient en détress',
Qu' leurs bras lançaient des SOS,
On aurait dit des sémaphores,
Les copains d'abord.

Au rendez-vous des bons copains
Y'avait pas souvent de lapins,
Quand l'un d'entre eux manquait à bord,
C'est qu'il était mort.
Oui, mais jamais, au grand jamais,
Son trou dans l'eau n' se refermait,
Cent ans après, coquin de sort !
Il manquait encor.

Des bateaux j'en ai pris beaucoup,
Mais le seul qui' ait tenu le coup,
Qui n'ai jamais viré de bord,
Mais viré de bord,
Naviguait en père peinard
Sur la grand-mare des canards,
Et s'app'lait « Les Copains d'abord »
« Les Copains d'abord ». bis

Les deux oncles

Em D Em D
C'était l'oncle Martin, c'était l'oncle Gaston,
Em D A7 D
L'un aimait les Tommi's, l'autre aimait les Teutons.
D C D C
Chacun, pour ses amis, tous les deux ils sont morts.
D C D C
Moi, qui n'aimais personne, eh bien! je vis encor.

Maintenant, chers tontons, que les temps ont coulé,
Que vos veuves de guerre ont enfin convolé,
Que l'on a requinqué, dans le ciel de Verdun,
Les étoiles terni's du maréchal Pétain,

Maintenant que vos controverses se sont tu's,
Qu'on s'est bien partagé les cordes des pendus,
Maintenant que John Bull nous boude, maintenant,
Que c'en est fini des querelles d'Allemand,

Que vos fill's et vos fils vont, la main dans la main,
Faire l'amour ensemble et l'Europ' de demain,
Qu'ils se soucient de vos batailles presque autant
Que l'on se souciait des guerres de Cent Ans,

On peut vous l'avouer, maintenant, chers tontons,
Vous l'ami des Tommi's, vous l'ami des Teutons,
Que, de vos vérités, vos contrevérités,
Tout le monde s'en fiche à l'unanimité.

De vos épurations, vos collaborations,
Vos abominations et vos désolations,
De vos plats de choucroute et vos tasses de thé,
Tout le monde s'en fiche à l'unanimité.

En dépit de ces souvenirs qu'on commémor',
Des flammes qu'on ranime aux monuments aux mort
Des vainqueurs, des vaincus, des autres et de vous,
Révérence parler, tout le monde s'en fout.

La vi', comme dit l'autre, a repris tous ses droits.
Elles ne font plus beaucoup d'ombre, vos deux croix,
Et, petit à petit, vous voilà devenus,
L'Arc de triomphe en moins, des soldats inconnus.

Maintenant, j'en suis sûr, chers malheureux tontons,
Vous, l'ami des Tommi's, vous, l'ami des Teutons,
Si vous aviez vécu, si vous étiez ici,
C'est vous qui chanteriez la chanson que voici,

Chanteriez, en trinquant ensemble à vos santés,
Qu'il est fou de perdre la vi' pour des idé's,
Des idé's comme ça, qui viennent et qui font
Trois petits tours, trois petits morts, et puis s'en vont,

Qu'aucune idée sur terre est digne d'un trépas,
Qu'il faut laisser ce rôle à ceux qui n'en ont pas,
Que prendre, sur-le-champ, l'ennemi comme il vient,
C'est de la bouilli' pour les chats et pour les chiens,

Qu'au lieu de mettre en jou' quelque vague ennemi
Mieux vaut attendre un peu qu'on le change en ami,
Mieux vaut tourner sept fois sa crosse dans la main,
Mieux vaut toujours remettre une salve à demain,

Que les seuls généraux qu'on doit suivre aux talons,
Ce sont les généraux des p'tits soldats de plomb.
Ainsi, chanteriez-vous tous les deux en suivant
Malbrough qui va-t-en guerre au pays des enfants.

Ô vous, qui prenez aujourd'hui la clé des cieux,
Vous, les heureux coquins qui, ce soir, verrez Dieu,
Quand vous rencontrerez mes deux oncles, là-bas,
Offrez-leur de ma part ces «Ne m'oubliez pas»,

Ces deux myosotis fleuris dans mon jardin:
Un p'tit *forget me not* pour mon oncle Martin,
Un p'tit *vergiss mein nicht* pour mon oncle Gaston,
Pauvre ami des Tommi's, pauvre ami des Teutons...

Le mouton de Panurge

Bm E F#7
Elle n'a pas encor de plumes
Bm F#7 Bm
La flèch' qui doit percer son flanc,
A7 D A7
Et dans son cœur rien ne s'allume
D A7 D
Quand elle cède à ses galants.
D7 G A7 D
Elle se rit bien des gondoles,
B7 Em G F#7
Des fleurs bleu's, des galants discours,
Bm F#7 Bm
Des Vénus de la vieille école,
G A7 D
Cell's qui font l'amour par amour.
Bm F#7 Bm
Des Vénus de la vieille école,
G A7 Bm
Cell's qui font l'amour par amour.

N'allez pas croire davantage
Que le démon brûle son corps.
Il s'arrête au premier étage,
Son septième ciel, et encor !
Elle n'est jamais, langoureuse,
Passé' par le pont des soupirs,
Et voit comm' des bêtes curieuses,
Cell's qui font l'amour par plaisir. } bis

Croyez pas qu'elle soit à vendre.
Quand on l'a mise sur le dos,
On n'est pas tenu de se fendre
D'un somptueux petit cadeau.
Avant d'aller en bacchanale
Ell' présente pas un devis,
Ell' n'a rien de ces bell's vénales,
Cell's qui font l'amour par profit. bis

Mais alors, pourquoi cède-t-elle,
Sans cœur, sans lucre, sans plaisir ?
Si l'amour vaut pas la chandelle,
Pourquoi le jou'-t-elle à loisir ?
Si quiconque peut, sans ambages,
L'aider à dégrafer sa rob',
C'est parc' qu'ell' veut être à la page,
Que c'est la mode et qu'elle est snob. bis

Mais changent coutumes et filles,
Un jour, peut-être, en son sein nu,
Va se planter pour tout' la vie
Une petite flèch' perdu'.
On n' verra plus qu'elle en gondole,
Elle ira jouer, à son tour,
Les Vénus de la vieille école,
Cell's qui font l'amour par amour. bis

Les quat'z'arts

Dm
Les copains affligés, les copines en pleurs,
G7 C A7 Dm
La boîte à dominos enfoui' sous les fleurs,
Tout le monde équipé de sa tenu' de deuil,
G7 C Am D7 G7 C
La farce était bien bonne et valait le coup d'œil.

F B7 B7 Em
Les quat'z'arts avaient fait les choses comme il faut:
Am D7 G7 C A7
L'enterrement paraissait officiel. Bravo!

Le mort ne chantait pas: «Ah! c' qu'on s'emmerde ici!»
Il prenait son trépas à cœur, cette fois-ci,
Et les bonshomm's chargés de la levé' du corps
Ne chantaient pas non plus «Saint-Éloi bande encor!»

Les quat'z'arts avaient fait les choses comme il faut:
Le macchabé' semblait tout à fait mort. Bravo!

Ce n'étaient pas du tout des filles en tutu
Avec des fess' à claque' et des chapeaux pointus
Les commères choisi's pour les cordons du poêle,
Et nul ne leur criait: «À poil! À poil! À poil!»

Les quat'z'arts avaient fait les choses comme il faut:
Les pleureuses sanglotaient pour de bon. Bravo!

Le curé n'avait pas un goupillon factice,
Un de ces goupillons en forme de phallus,
Et quand il y alla de ses *de profundis*,
L'enfant de chœur répliqua pas *morpionibus*.

Les quat'z'arts avaient fait les choses comme il fau
Le curé venait pas de Camaret. Bravo!

On descendit la bière et je fus bien déçu,
La blague maintenant frisait le mauvais goût,
Car le mort se laissa jeter la terr' dessus
Sans lever le couvercle en s'écriant «Coucou!»

Les quat'z'arts avaient fait les choses comme il fau
Le cercueil n'était pas à double-fond. Bravo!

Quand tout fut consommé, je leur ai dit: «Messieu
Allons faire à présent la tourné' des boxons!»
Mais ils m'ont regardé avec de pauvres yeux,
Puis ils m'ont embrassé d'une étrange façon.

Les quat'z'arts avaient fait les choses comme il fau
Leur compassion semblait venir du cœur. Bravo!

Quand je suis ressorti de ce champ de navets,
L'ombre de l' «ici-gît» pas à pas me suivait,
Une petite croix de trois fois rien du tout
Faisant, à elle seul', de l'ombre un peu partout.

Les quat'z'arts avaient fait les choses comme il faut:
Les revenants s'en mêlaient à leur tour. Bravo!

J'ai compris ma méprise un petit peu plus tard,
Quand, allumant ma pipe avec le faire-part,
J' m'aperçus que mon nom, comm' celui d'un bourgeois,
Occupait sur la liste une place de choix.

Les quat'z'arts avaient fait les choses comme il faut:
J'étais le plus proch' parent du défunt. Bravo!

Adieu! Les faux tibias, les crânes de carton...
Plus de marche funèbre au son des mirlitons!
Au grand bal des quat'z'arts nous n'irons plus danser,
Les vrais enterrements viennent de commencer.

F B7 Em
Nous n'irons plus danser au grand bal des quat'z'arts,
Am D7 G7 C
Viens, pépère, on va se ranger des corbillards! (bis)

Le grand Pan

Bm
Du temps que régnait le grand Pan,
C
Les dieux protégeaient les ivrognes:
F#7 Bm
Des tas de géni's titubant,
C#7 F#7 Bm
Au nez rouge, à la rouge trogne.
Dès qu'un homme vidait les cruchons,
C
Qu'un sac à vin faisait carousse,
F#7 Bm
Ils venaient en bande, à ses trousses,
F#7 Bm
Compter les bouchons.
Em A7
La plus humble piquette était alors bénie,
D B7
Distillée par Noé, Silène, et compagnie.
Em
Le vin donnait un lustre au pire des minus
Bm E#°7 F#7 Bm
Et le moindre pochard avait tout de Bacchus.
D C
Mais se touchant le crâne, en criant «J'ai trouvé!»
Bm C F#7 Bm
La bande au professeur Nimbus est arrivé'
D C
Qui s'est mise à frapper les cieux d'alignement,
Bm A Bm
Chasser les dieux du firmament.
A7 D A7 D A7
Aujourd'hui, çà et là, les gens boivent encor
D A7 D F#7
Et le feu du nectar fait toujours luir' les trognes,
Bm F#7 Bm F#7
Mais les dieux ne répondent plus pour les ivrognes:
Em Bm E#°7 F#7 Bm
Bacchus est alcoolique, et le grand Pan est mort.

Quand deux imbéciles heureux
S'amusaient à des bagatelles,
Un tas de géni's amoureux
Venaient leur tenir la chandelle.
Du fin fond des Champs-Élysées,
Dès qu'ils entendaient un «Je t'aime»,
Ils accouraient à l'instant même
Compter les baisers.
La plus humble amourette était alors bénie,
Sacré' par Aphrodite, Éros et compagnie.
L'amour donnait un lustre au pire des minus
Et la moindre amoureuse avait tout de Vénus.
Mais se touchant le crâne, en criant «J'ai trouvé!»
La bande au professeur Nimbus est arrivé'
Qui s'est mise à frapper les cieux d'alignement,
Chasser les dieux du firmament.
Aujourd'hui, çà et là, les cœurs battent encor
Et la règle du jeu de l'amour est la même,
Mais les dieux ne répondent plus de ceux qui s'aiment:
Vénus s'est faite femme, et le grand Pan est mort.

Et quand, fatale, sonnait l'heur'
De prendre un linceul pour costume,
Un tas de géni's, l'œil en pleur,
Vous offraient des honneurs posthumes.
Pour aller au céleste empire
Dans leur barque ils venaient vous prendre.
C'était presque un plaisir de rendre
Le dernier soupir.
La plus humble dépouille était alors bénie,
Embarqué' par Caron, Pluton et compagnie.
Au pire des minus, l'âme était accordé',
Et le moindre mortel avait l'éternité.
Mais se touchant le crâne, en criant « J'ai trouvé ! »
La bande au professeur Nimbus est arrivé'
Qui s'est mise à frapper les cieux d'alignement,
Chasser les dieux du firmament.
Aujourd'hui, çà et là, les gens passent encor,
Mais la tombe est, hélas ! la dernière demeure,
Et les dieux ne répondent plus de ceux qui meurent :
La mort est naturelle, et le grand Pan est mort.

Et l'un des derniers dieux, l'un des derniers suprêmes,
Ne doit plus se sentir tellement bien lui-même.
Un beau jour on va voir le Christ
Descendre du Calvaire en disant dans sa lippe :
« Merde ! je ne jou' plus pour tous ces pauvres types !
J'ai bien peur que la fin du monde soit bien triste. »

Le vingt-deux septembre

D E7 E9(#5) F#7
Un vingt-e-deux septembre au diable vous partîtes,
Bm F#7
Et depuis, chaque année, à la date susdite,
Bm E7 A F#7 Bm E7 A7
Je mouillais mon mouchoir, en souvenir de vous…
D E7 E9(#5) F#7
Or, nous y revoilà, mais je reste de pierre,
Bm F#7
Plus une seule larme à me mettre aux paupières :
Bm E7 A F#7 Bm E7 A
Le vingt-e-deux septembre, aujourd'hui, je m'en fous.

On ne reverra plus, au temps des feuilles mortes,
Cette âme en peine qui me ressemble et qui porte
Le deuil de chaque feuille, en souvenir de vous…
Que le brave Prévert et ses escargots veuillent
Bien se passer de moi pour enterrer les feuilles :
Le vingt-e-deux septembre, aujourd'hui, je m'en fous.

Jadis, ouvrant mes bras comme une paire d'ailes,
Je montais jusqu'au ciel pour suivre l'hirondelle
Et me rompais les os, en souvenir de vous…
Le complexe d'Icare à présent m'abandonne,
L'hirondelle en partant ne fera plus l'automne :
Le vingt-e-deux septembre, aujourd'hui, je m'en fous.

Pieusement noué d'un bout de vos dentelles,
J'avais, sur ma fenêtre, un bouquet d'immortelles
Que j'arrosais de pleurs, en souvenir de vous…
Je m'en vais les offrir au premier mort qui passe,
Les regrets éternels à présent me dépassent :
Le vingt-e-deux septembre, aujourd'hui, je m'en fous.

Désormais, le petit bout de cœur qui me reste
Ne traversera plus l'équinoxe funeste
En battant la breloque, en souvenir de vous…
Il a craché sa flamme et ses cendres s'éteignent,
À peine y pourrait-on rôtir quatre châtaignes :
Le vingt-e-deux septembre, aujourd'hui, je m'en fous.

Et c'est triste de n'être plus triste sans vous.

Vénus callipyge

F F7 Bb
Que jamais l'art abstrait, qui sévit maintenant,
Gm7 C7 F Dm Gm7 C7 F
N'enlève à vos attraits ce volume étonnant.
F F7 Bb
Au temps où les faux culs sont la majorité,
Gm7 C7 F Dm Gm7 C7 F
Gloire à celui qui dit toute la vérité !

G7 A
Votre dos perd son nom avec si bonne grâce,
Am D Am D
Qu'on ne peut s'empêcher de lui donner raison.
G7 A
Que ne suis-je, madame, un poète de race,
F G7 C A7 Dm G E
Pour dire à sa louange un immortel blason. bis

En le voyant passer, j'en eus la chair de poule,
Enfin, je vins au monde et, depuis, je lui vou'
Un culte véritable et, quand je perds aux boules,
En embrassant Fanny, je ne pense qu'à vous. bis

Pour obtenir, madame, un galbe de cet ordre,
Vous devez torturer les gens de votre entour,
Donner aux couturiers bien du fil à retordre,
Et vous devez crever votre dame d'atout. bis

C'est le duc de Bordeaux qui s'en va, tête basse,
Car il ressemble au mien comme deux gouttes d'eau.
S'il ressemblait au vôtre on dirait, quand il passe :
« C'est un joli garçon que le duc de Bordeaux ! » bis

Ne faites aucun cas des jaloux qui professent
Que vous avez placé votre orgueil un peu bas,
Que vous présumez trop, en somme, de vos fesses,
Et surtout, par faveur, ne vous asseyez pas ! bis

Laissez-les raconter qu'en sortant de calèche
La brise a fait voler votre robe et qu'on vit,
Écrite dans un cœur transpercé d'une flèche,
Cette expression triviale: «À Julot pour la vi'» *bis*

Laissez-les dire encor qu'à la cour d'Angleterre,
Faisant la révérence aux souverains anglois,
Vous êtes, patatras! tombée assise à terre:
La loi d' la pesanteur est dur', mais c'est la loi. *bis*

Nul ne peut aujourd'hui trépasser sans voir Naples;
À l'assaut des chefs-d'œuvre ils veulent tous courir!
Mes ambitions à moi sont bien plus raisonnables:
Voir votre académie, madame, et puis mourir. *bis*

Que jamais l'art abstrait, qui sévit maintenant,
N'enlève à vos attraits ce volume étonnant.
Au temps où les faux culs sont la majorité,
Gloire à celui qui dit toute la vérité!

La tondue

La belle qui couchait avec le roi de Prusse,
Avec le roi de Prusse,
À qui l'on a tondu le crâne rasibus,
Le crâne rasibus,

Son penchant prononcé pour les « ich liebe dich »,
Pour les « ich liebe dich »,
Lui valut de porter quelques cheveux postich's,
Quelques cheveux postich's.

Les braves sans-culott's et les bonnets phrygiens,
Et les bonnets phrygiens,
Ont livré sa crinière à un tondeur de chiens,
À un tondeur de chiens.

J'aurais dû prendre un peu parti pour sa toison,
Parti pour sa toison,
J'aurais dû dire un mot pour sauver son chignon,
Pour sauver son chignon,

Mais je n'ai pas bougé du fond de ma torpeur,
Du fond de ma torpeur.
Les coupeurs de cheveux en quatre m'ont fait peur,
En quatre m'ont fait peur.

Quand, pire qu'une brosse, elle eut été tondu',
Elle eut été tondu',
J'ai dit : « C'est malheureux, ces accroche-cœurs perdus,
Ces accroche-cœurs perdus. »

Et, ramassant l'un d'eux qui traînait dans l'ornière,
Qui traînait dans l'ornière,
Je l'ai, comme une fleur, mis à ma boutonnière,
Mis à ma boutonnière.

En me voyant partir arborant mon toupet,
Arborant mon toupet,
Tous ces coupeurs de natt's m'ont pris pour un suspect,
M'ont pris pour un suspect.

Comme de la patrie je ne mérite guère,
Je ne mérite guère,
J'ai pas la Croix d'honneur, j'ai pas la croix de guerre,
J'ai pas la croix de guerre,

Et je n'en souffre pas avec trop de rigueur,
Avec trop de rigueur.
J'ai ma rosette à moi : c'est un accroche-cœur,
C'est un accroche-cœur.

La non-demande en mariage

Em Bm
Ma mi', de grâce, ne mettons
Pas sous la gorge à Cupidon
F#m Bm
Sa propre flèche.
Em Bm
Tant d'amoureux l'ont essayé
Qui, de leur bonheur, ont payé
F#m Bm
Ce sacrilège…

Em
J'ai l'honneur de
A7
Ne pas te de-
D F#7
Mander ta main.
Refrain Bm
Ne gravons pas
F#m
Nos noms au bas
Bm
D'un parchemin.

Laissons le champ libre à l'oiseau,
Nous serons tous les deux prisonniers sur parole.
Au diable, les maîtresses queux
Qui attachent les cœurs aux queu's
Des casseroles !

Refrain

Vénus se fait vieille souvent,
Elle perd son latin devant
La lèchefrite…
À aucun prix, moi, je ne veux
Effeuiller dans le pot-au-feu
La marguerite.

Refrain

On leur ôte bien des attraits,
En dévoilant trop les secrets
De Mélusine.
L'encre des billets doux pâlit
Vite entre les feuillets des li-
Vres de cuisine.

Refrain

Il peut sembler de tout repos
De mettre à l'ombre, au fond d'un pot
De confiture,
La joli' pomme défendu';
Mais elle est cuite, elle a perdu
Son goût «nature».

Refrain

De servante n'ai pas besoin,
Et du ménage et de ses soins
Je te dispense...
Qu'en éternelle fiancée,
À la dame de mes pensée'
Toujours je pense...

Refrain

L'épave

A
J'en appelle à Bacchus ! À Bacchus j'en appelle !
A
Le tavernier du coin vient d' me la bailler belle.
A7
De son établissement j'étais l' meilleur pilier.
D G#7
Quand j'eus bu tous mes sous, il me mit à la porte
C#m C#m F#7
En disant : « Les poivrots, le diable les emporte ! »
B7 E7 A
Ça n' fait rien, il y'a des bistrots bien singuliers…

Un certain va-nu-pieds qui passe et me trouve ivre
Mort, croyant tout de bon que j'ai cessé de vivre
(Vous auriez fait pareil), s'en prit à mes souliers.
Pauvre homme ! vu l'état piteux de mes godasses,
Je dout' qu'il trouve avec son chemin de Damas-se.
Ça n' fait rien, il y'a des passants bien singuliers…

Un étudiant miteux s'en prit à ma liquette
Qui, à la faveur d'la nuit lui' avait paru coquette,
Mais en plein jour ses yeux ont dû se dessiller.
Je l' plains de tout mon cœur, pauvre enfant, s'il l'a mise,
Vu que d'un homme heureux, c'était loin d'êtr' la ch'mise.
Ça n' fait rien, y'a des étudiants bien singuliers…

Le r'présentant d' la loi vint d'un pas débonnaire.
Sitôt qu'il m'aperçut il s'écria : « Tonnerre !
On est en plein hiver et si vous vous geliez ! »
Et, de peur que j' n'attrape une fluxion d' poitrine,
Le bougre, il me couvrit avec sa pèlerine.
Ça n' fait rien, il y' a des flics bien singuliers…

Et depuis ce jour-là, moi, le fier, le bravache,
Moi, dont le cri de guerr' fut toujours : « Mort aux vaches ! »
Plus une seule fois je n'ai pu le brailler.
J'essaye bien encor, mais ma langue honteuse
Retombe lourdement dans ma bouche pâteuse.
Ça n' fait rien, nous vivons un temps bien singulier…

La femm' d'un ouvrier s'en prit à ma culotte.
« Pas ça, madam', pas ça, mille et un coups de bottes
Ont tant usé le fond que, si vous essayiez
D' la mettre à votr' mari, bientôt, je vous en fiche
Mon billet, il aurait du verglas sur les miches. »
Ça n' fait rien, il y'a des ménages bien singuliers…

Et j'étais là, tout nu, sur le bord du trottoir-e
Exhibant, malgré moi, mes humbles génitoires.
Une petit' vertu rentrant de travailler,
Elle qui, chaque soir, en voyait un' douzaine,
Courut dire aux agents : « J'ai vu que'qu' chos' d'obscène ! »
Ça n' fait rien, il y'a des tapins bien singuliers…

Supplique pour être enterré à la plage de Sète

Bm
La camarde, qui ne m'a jamais pardonné
F#7
D'avoir semé des fleurs dans les trous de son nez,
Em A7 D B7
Me poursuit d'un zèle imbécile.
Em
Alors, cerné de près par les enterrements,
Bm
J'ai cru bon de remettre à jour mon testament,
G F#7 Bm G F#7
De me payer un codicille.

Trempe, dans l'encre bleue du golfe du Lion,
Trempe, trempe ta plume, ô mon vieux tabellion,
Et, de ta plus belle écriture,
Note ce qu'il faudrait qu'il advînt de mon corps,
Lorsque mon âme et lui ne seront plus d'accord
Que sur un seul point : la rupture.

Quand mon âme aura pris son vol à l'horizon
Vers celles de Gavroche et de Mimi Pinson,
Celles des titis, des grisettes,
Que vers le sol natal mon corps soit ramené
Dans un sleeping du «Paris-Méditerranée»,
Terminus en gare de Sète.

Mon caveau de famille, hélas! n'est pas tout neuf.
Vulgairement parlant, il est plein comme un œuf;
Et, d'ici que quelqu'un n'en sorte,
Il risque de se faire tard et je ne peux
Dire à ces brave gens «Poussez-vous donc un peu!»
Place aux jeunes en quelque sorte.

Juste au bord de la mer, à deux pas des flots bleus,
Creusez, si c'est possible, un petit trou mœlleux,
Une bonne petite niche,
Auprès de mes amis d'enfance, les dauphins,
Le long de cette grève où le sable est si fin,
Sur la plage de la Corniche.

C'est une plage où, même à ses moments furieux,
Neptune ne se prend jamais trop au sérieux,
Où quand un bateau fait naufrage,
Le capitaine crie: «Je suis le maître à bord!
Sauve qui peut!
Le vin et le pastis d'abord!
Chacun sa bonbonne et courage!»

Et c'est là que, jadis, à quinze ans révolus,
À l'âge où s'amuser tout seul ne suffit plus,
Je connus la prime amourette.
Auprès d'une sirène, une femme-poisson,
Je reçus de l'amour la première leçon,
Avalai la première arête.

Déférence gardée envers Paul Valéry,
Moi, l'humble troubadour, sur lui je renchéris;
Le bon maître me le pardonne,
Et qu'au moins, si ses vers valent mieux que les miens,
Mon cimetière soit plus marin que le sien,
Et n'en déplaise aux autochtones.

Cette tombe en sandwich, entre le ciel et l'eau,
Ne donnera pas une ombre triste au tableau,
Mais un charme indéfinissable.
Les baigneuses s'en serviront de paravent
Pour changer de tenue, et les petits enfants
Diront: «Chouette un château de sable!»

Est-ce trop demander...! Sur mon petit lopin,
Plantez, je vous en prie, une espèce de pin,
Pin parasol, de préférence,
Qui saura prémunir contre l'insolation
Les bons amis venus fair' sur ma concession
D'affectueuses révérences.

Tantôt venant d'Espagne et tantôt d'Italie,
Tout chargés de parfums, de musiques jolies,
Le mistral et la tramontane
Sur mon dernier sommeil verseront les échos,
De villanelle un jour, un jour de fandango,
De tarentelle, de sardane...

Et quand, prenant ma butte en guise d'oreiller,
Une ondine viendra gentiment sommeiller
Avec moins que rien de costume,
J'en demande pardon par avance à Jésus,
Si l'ombre de ma croix s'y couche un peu dessus
Pour un petit bonheur posthume.

Pauvres rois, pharaons! Pauvre Napoléon!
Pauvres grands disparus gisant au Panthéon!
Pauvres cendres de conséquence!
Vous envierez un peu l'éternel estivant,
Qui fait du pédalo sur la vague en rêvant, bis
Qui passe sa mort en vacances...

la fessée

Bm Em F#7
La veuve et l'orphelin, quoi de plus émouvant ?
Bm G C#7 F#7
Un vieux copain d'école étant mort sans enfants,
Bm G A7 D F#7
Abandonnant au monde une épouse épatante,
Bm Em F#7
J'allai rendre visite à la désespérée.
Bm G C#7 F#7
Et puis, ne sachant plus où finir ma soirée,
Bm C#7 F#7 Bm
Je lui tins compagnie dans la chapelle ardente.

Pour endiguer ses pleurs, pour apaiser ses maux,
Je me mis à blaguer, à sortir des bons mots,
Tous les moyens sont bons au médecin de l'âme…
Bientôt, par la vertu de quelques facéties,
La veuve se tenait les côtes, Dieu merci !
Ainsi que des bossus, tous deux nous rigolâmes.

Ma pipe dépassait un peu de mon veston.
Aimable, elle m'encouragea : « Bourrez-la donc,
Qu'aucun impératif moral ne vous arrête,
Si mon pauvre mari détestait le tabac,
Maintenant la fumée ne le dérange pas !
Mais où diantre ai-je mis mon porte-cigarettes ? »

À minuit, d'une voix douce de séraphin,
Elle me demanda si je n'avais pas faim.
« Ça le ferait-il revenir, ajouta-t-elle,
De pousser la piété jusqu'à l'inanition ?
Que diriez-vous d'une frugale collation ? »
Et nous fîmes un petit souper aux chandelles.

« Regardez s'il est beau !
Dirait-on point qu'il dort ?
Ce n'est certes pas lui qui me donnerait tort
De noyer mon chagrin dans un flot de champagne. »
Quand nous eûmes vidé le deuxième magnum,
La veuve était ému', nom d'un petit bonhomme
Et son esprit se mit à battre la campagne…

« Mon Dieu, ce que c'est tout de même que de nous ! »
Soupira-t-elle, en s'asseyant sur mes genoux.
Et puis, ayant collé sa lèvre sur ma lèvre,
« Me voilà, rassuré', fit-elle, j'avais peur
Que, sous votre moustache en tablier d' sapeur,
Vous ne cachiez coquettement un bec-de-lièvre… »

Un tablier d' sapeur, ma moustache, pensez !
Cette comparaison méritait la fessée.
Retroussant l'insolente avec nulle tendresse,
Conscient d'accomplir, somme toute, un devoir,
Mais en fermant les yeux pour ne pas trop en voir,
Paf ! j'abattis sur elle une main vengeresse !

«Aï ! vous m'avez fêlé le postérieur en deux !»
Se plaignit-elle, et je baissai le front, piteux,
Craignant avoir frappé de façon trop brutale.
Mais j'appris, par la suite, et j'en fus bien content,
Que cet état de chos's durait depuis longtemps

Menteuse ! la fêlure était congénitale.
Quand je levai la main pour la deuxième fois,
Le cœur n'y était plus, j'avais perdu la foi,
Surtout qu'elle s'était enquise, la bougresse :
Bm B7 Em F#7
«Avez-vous remarqué que j'avais un beau cul ?»
Bm G C#7 F#7
Et ma main vengeresse est retombé', vaincu'
Bm C#7 F#7 Bm F#7 Bm
Et le troisième coup ne fut qu'une caresse…
bis

Le grand chêne

D A7 D Bm Em A7
Il vivait en dehors des chemins forestiers ;
D Bm E7 A
Ce n'était nullement un arbre de métier,
A7 D D(#5) G F#7
Il n'avait jamais vu l'ombre d'un bûcheron
Bm Em A7 D
Ce grand chêne fier sur son tronc.

Il eût connu des jours filés d'or et de soie
Sans ses proches voisins, les pires gens qui soient,
Des roseaux mal pensant, pas même des bambous,
S'amusant à le mettre à bout.

Du matin jusqu'au soir, ces petits rejetons,
Tout juste cann' à pêch', à peine mirlitons,
Lui tournant tout autour chantaient *in extenso*
L'histoire du chêne et du roseau.

Et bien qu'il fût en bois (les chênes, c'est courant),
La fable ne le laissait pas indifférent.
Il advint que lassé d'être en butte aux lazzi,
Il se résolut à l'exi(l).

À grand-peine il sortit ses grands pieds de son trou
Et partit sans se retourner ni peu ni prou.
Mais, moi qui l'ai connu, je sais qu'il souffrit
De quitter l'ingrate patri'.

À l'oré' des forêts, le chêne ténébreux
A lié connaissance avec deux amoureux.
« Grand chêne, laisse-nous sur toi graver nos noms… »
Le grand chêne n'a pas dit non.

Quand ils eur'nt épuisé leur grand sac de baisers,
Quand de tant s'embrasser leurs becs furent usés,
Ils ouïrent alors en retenant des pleurs
Le chêne contant ses malheurs.

« Grand chên', viens chez nous, tu trouveras la paix,
Nos roseaux savent vivre et n'ont aucun toupet,
Tu feras dans nos murs un aimable séjour,
Arrosé quatre fois par jour. »

Cela dit, tous les trois se mirent en chemin,
Chaque amoureux tenant une racine en main.
Comme il semblait content ! Comme il semblait heureux !
Le chêne entre ses amoureux.

Au pied de leur chaumière ils le firent planter.
Ce fut alors qu'il commença de déchanter
Car, en fait d'arrosage, il n'eut rien que la plui',
Des chiens levant la patt' sur lui.

On a pris tous ses glands pour nourrir les cochons,
Avec sa belle écorce on a fait des bouchons;
Chaque fois qu'un arrêt de mort était rendu,
C'est lui qui héritait du pendu.

Puis ces mauvaises gens, vandales accomplis,
Le coupèrent en quatre et s'en firent un lit.
Et l'horrible mégère ayant des tas d'amants,
Il vieillit prématurément.

Un triste jour, enfin, ce couple sans aveu
Le passa par la hache et le mit dans le feu.
Comme du bois de caisse, amère destinée!
Il périt dans la cheminée.

Le curé de chez nous, petit saint besogneux,
Doute que sa fumé' s'élève jusqu'à Dieu.
Qu'est-c'qu'il en sait, le bougre, Et qui donc lui a dit
Qu'y a pas de chêne en paradis? bis

BORN IN
97

Les quatre bacheliers

A F#m Bm
Nous étions quatre bacheliers
D F#m Bm7 E7
Sans vergogne,
A F#m Bm
La vrai' crème des écoliers,
E7 A
Des écoliers.

C Am Dm
Pour offrir aux filles des fleurs,
F Am Dm7 G7
Sans vergogne,
C Am Dm
Nous nous fîmes un peu voleurs,
G7 C E7
Un peu voleurs.

Les sycophantes du pays,
Sans vergogne,
Aux gendarmes nous ont trahis,
Nous ont trahis.

Et l'on vit quatre bacheliers
Sans vergogne,
Qu'on emmène, les mains lié's,
Les mains lié's.

On fit venir à la prison
Sans vergogne,
Les parents des mauvais garçons,
Mauvais garçons.

Les trois premiers pères, les trois,
Sans vergogne,
En perdirent tout leur sang-froid,
Tout leur sang-froid.

Comme un seul ils ont déclaré,
Sans vergogne,
Qu'on les avait déshonoré',
Déshonorés.

Comme un seul ont dit :
« C'est fini,
Sans vergogne,
Fils indigne, je te reni',
Je te reni'. »

Le quatrième des parents,
Sans vergogne,
C'était le plus gros, le plus grand,
Le plus grand.

Quant il vint chercher son voleur,
Sans vergogne,
On s'attendait à un malheur,
À un malheur.

Mais il n'a pas déclaré, non,
Sans vergogne,
Que l'on avait sali son nom,
Sali son nom.

Dans le silence on l'entendit,
Sans vergogne,
Qui lui disait : « Bonjour, petit,
Bonjour, petit. »

On le vit, on le croirait pas,
Sans vergogne,
Lui tendre sa blague à tabac,
Blague à tabac.

Je ne sais pas s'il eut raison,
Sans vergogne,
D'agir d'une telle façon,
Telle façon.

Mais je sais qu'un enfant perdu,
Sans vergogne,
À de la corde de pendu,
De pendu,

A de la chance quand il a,
Sans vergogne,
Un père de ce tonneau-là,
Ce tonneau-là.

Et si les chrétiens du pays,
Sans vergogne,
Jugent que cet homme a failli,
Homme a failli.

Ça laisse à penser que, pour eux,
Sans vergogne,
L'Évangile, c'est de l'hébreu,
C'est de l'hébreu.

Le fantôme

F
C'était tremblant, c'était troublant,
D
C'était vêtu d'un drap tout blanc,
Gm C7 F F7
Ça présentait tous les symptômes,
Bb Bbm F
Tous les dehors de la vision,
A7 Dm
Les faux airs de l'apparition,
Bb Bbm F Dm Gm C7 F
En un mot, c'était un fantôme !

À sa manière d'avancer,
À sa façon de balancer
Les hanches quelque peu convexes,
Je compris que j'avais affaire
À quelqu'un du genr' que j'préfère :
À un fantôme du beau sexe.

« Je suis un p'tit poucet perdu,
Me dit-ell', d'un' voix morfondu',
Un pauvre fantôme en déroute.
Plus de trace des feux follets,
Plus de trace des osselets
Dont j'avais jalonné ma route !

Des poèt's sans inspiration
Auront pris – quelle aberration ! –
Mes feux follets pour des étoiles.
De pauvres chiens de commissaire
Auront croqué – quelle misère ! –
Mes oss'lets bien garnis de moelle.

À l'heure où le coq chantera,
J'aurai bonn' mine avec mon drap
Plein de faux plis et de coutures !
Et dans ce siècle profane où
Les gens ne croient plus guère à nous,
On va crier à l'imposture. »

Moi, qu'un chat perdu fait pleurer,
Pensez si j'eus le cœur serré
Devant l'embarras du fantôme.
« Venez, dis-je en prenant sa main,
Que je vous montre le chemin,
Que je vous reconduise *at home*. »

L'histoire finirait ici,
Mais la brise, et je l'en remerci',
Troussa le drap d'ma cavalière…
Dame, il manquait quelques oss'lets,
Mais le reste, loin d'être laid,
Était d'un' grâce singulière.

Mon Cupidon, qui avait la
Flèche facile en ce temps-là,
Fit mouche et, le feu sur les tempes,
Je conviai, sournoisement,
La belle à venir un moment
Voir mes icônes, mes estampes…

Au p'tit jour on m'a réveillé,
On secouait mon oreiller
Avec un' fougu' plein' de promesses.
Mais, foin des délic's de Capoue !
A7 Dm
C'était mon père criant : « Debout !
Bb Bbm F Dm Gm C7 F
Vains dieux, tu vas manquer la messe ! » bis

« Mon cher, dit-ell', vous êtes fou !
J'ai deux mille ans de plus que vous… »
Le temps, madam', que nous importe !
Mettant le fantôm' sous mon bras,
Bien enveloppé dans son drap,
Vers mes pénates je l'emporte !

Eh bien, messieurs, qu'on se le dis' :
Ces belles dames de jadis
Sont de satané's polissonnes,
Plus expertes dans le déduit
Que certain's dames d'aujourd'hui,
Et je ne veux nommer personne !

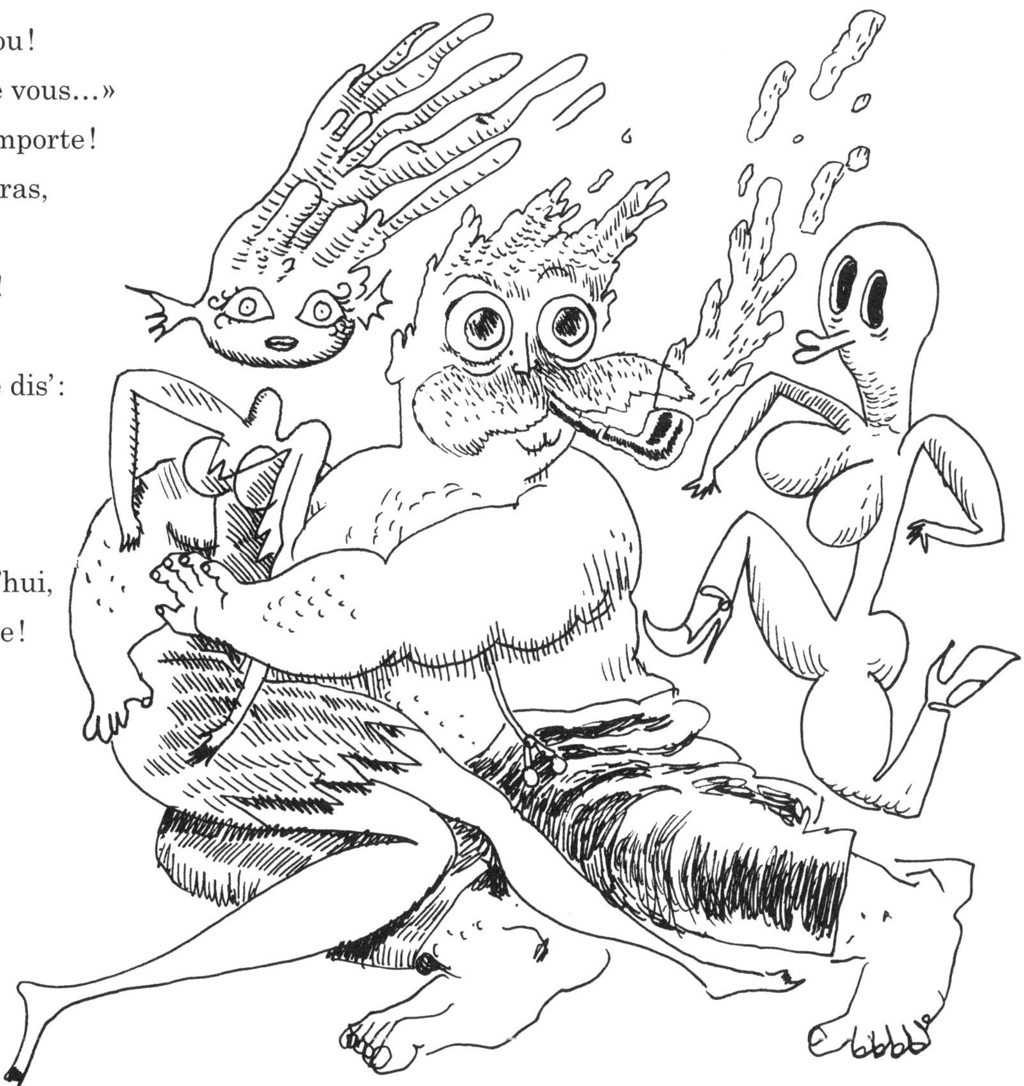

Concurrence déloyale

Il y a péril en la demeure
Depuis que les femmes de bonnes mœurs,
Ces trouble-fête,
Jalouses de Manon Lescaut,
Viennent débiter leurs gigots
À la sauvette.

Ell's ôt'nt le bonhomm' de dessus
La brave horizontal' déçu',
Ell's prenn'nt sa place.
De la bouche au pauvre tapin
Ell's retir'nt le morceau de pain,
C'est dégueulasse.

En vérité, je vous le dis,
Il y en a plus qu'en Normandie
Il y a de pommes.
Sainte-Mad'lein', protégez-nous,
Le métier de femme ne nou-
Rrit plus son homme.

Y' a ces gamines de malheur,
Ces goss's qui, tout en suçant leur
Pouc' de fillette,
Se livrent au détournement
De majeur et, vénalement,
Trouss'nt leur layette.

Y' a ces rombièr's de qualité,
Ces punais's de salon de thé,
Qui se prosternent,
Qui, pour redorer leur blason,
Viennent accrocher leur vison
À la lanterne.

Y' a ces p'tit's bourgeoises faux culs
Qui, d'accord avec leur cocu,
Clerc de notaire,
Au prix de gros vendent leur corps,
Leurs charmes qui fleurent encor
La pomm' de terre.

Lors, délaissant la fill' de joi',
Le client peut faire son choix
Tout à sa guise,
Et se payer beaucoup moins cher
Des collégienn's, des ménagèr's,
Et des marquises.

Ajoutez à ça qu'aujourd'hui
La mani' de l'acte gratuit
Se développe,
Que des créatur's se font cul-
Buter à l'œil et sans calcul.
Ah ! les salopes !

Ell's ôt'nt le bonhomm' de dessus
La brave horizontal' déçu',
Ell' prenn'nt sa place.
De la bouche au pauvre tapin
Ell's retir'nt le morceau de pain,
C'est dégueulasse.

Le pluriel

Em B7 Em B7
« Cher monsieur, m'ont-ils dit, vous en êtes un autre »,
Em B7 Em A7
Lorsque je refusai de monter dans leur train.
Dm A7 Dm A7
Oui, sans doute, mais moi, j'fais pas le bon apôtre,
D7 D7 G7 G7(#5)
Moi, je n'ai besoin de personne pour en être un.

C G7
Le pluriel ne vaut rien à l'homme et sitôt qu'on
C F C
Est plus de quatre on est une bande de cons.
G7
Bande à part, sacrebleu ! c'est ma règle et j'y tiens.
G7 C F C
Dans les noms des partants on n'verra pas le mien.

Dieu ! que de processions, de monômes, de groupes,
Que de rassemblements, de cortèges divers,
Que de ligu's, que de cliqu's, que de meut's, que de troupes !
Pour un tel inventaire il faudrait un Prévert.

Le pluriel ne vaut rien à l'homme et sitôt qu'on
Est plus de quatre on est une bande de cons.
Bande à part, sacrebleu ! c'est ma règle et j'y tiens.
Parmi les cris des loups on n'entend pas le mien.

Oui, la cause était noble, était bonne, était belle !
Nous étions amoureux, nous l'avons épousée.
Nous souhaitions être heureux tous ensemble avec elle,
Nous étions trop nombreux, nous l'avons défrisée.

Le pluriel ne vaut rien à l'homme et sitôt qu'on
Est plus de quatre on est une bande de cons.
Bande à part, sacrebleu ! c'est ma règle et j'y tiens.
Parmi les noms d'élus on n'verra pas le mien.

Je suis celui qui passe à côté des fanfares
Et qui chante en sourdine un petit air frondeur.
Je dis, à ces messieurs que mes notes effarent :
« Tout aussi musicien que vous, tas de bruiteurs ! »

Le pluriel ne vaut rien à l'homme et sitôt qu'on
Est plus de quatre on est une bande de cons.
Bande à part, sacrebleu ! c'est ma règle et j'y tiens.
Dans les rangs des pupitr's on n'verra pas le mien.

Pour embrasser la dam', s'il faut se mettre à douze,
J'aime mieux m'amuser tout seul, cré nom de nom !
Je suis celui qui reste à l'écart des partouzes.
L'obélisque est-il monolithe, oui ou non ?

Le pluriel ne vaut rien à l'homme et sitôt qu'on
Est plus de quatre on est une bande de cons.
Bande à part, sacrebleu ! c'est ma règle et j'y tiens.
Au faisceau des phallus on n'verra pas le mien.

Pas jaloux pour un sou des morts des hécatombes,
J'espère être assez grand pour m'en aller tout seul.
Je ne veux pas qu'on m'aide à descendre à la tombe,
Je partage n'importe quoi, pas mon linceul.

Le pluriel ne vaut rien à l'homme et sitôt qu'on
Est plus de quatre on est une bande de cons.
Bande à part, sacrebleu ! c'est ma règle et j'y tiens.
Au faisceau des tibias on n'verra pas les miens.

Le moyenâgeux

F#m B7 E
Le seul reproche, au demeurant,
F#m B7 E
Qu'aient pu mériter mes parents,
Em A7 D
C'est d'avoir pas joué plus tôt
E D E
Le jeu de la bête à deux dos.
F#m B7 E
Je suis né, même pas bâtard,
F#m B7 E
Avec cinq siècles de retard.
Em A7 D
Pardonnez-moi, Prince, si je
E D E C#7
Suis foutrement moyenâgeux.

Ah! que n'ai-je vécu, bon sang!
Entre quatorze et quinze cent.
J'aurais retrouvé mes copains
Au *Trou de la pomme de pin*,
Tous les beaux parleurs de jargon,
Tous les promis de Montfaucon,
Les plus illustres seigneuries
Du royaum' de truanderie.

Après une franche repue,
J'eusse aimé, toute honte bue,
Aller courir le cotillon
Sur les pas de François Villon,
Troussant la gueuse et la forçant
Au cimetièr' des Innocents,
Mes amours de ce siècle-ci
N'en aient aucune jalousie…

J'eusse aimé le corps féminin
Des nonnettes et des nonnains
Qui, dans ces jolis temps bénis,
Ne disaient pas toujours «nenni»,
Qui faisaient le mur du couvent,
Qui, Dieu leur pardonne! souvent,
Comptaient les baisers, s'il vous plaît,
Avec des grains de chapelet.

Ces p'tit's sœurs, trouvant qu'à leur goût
Quatre Évangil's c'est pas beaucoup,
Sacrifiaient à un de plus:
L'évangile selon Vénus.
Témoin: l'abbesse de Pourras,
Qui fut, qui reste et restera
La plus glorieuse putain
De moines du quartier Latin.

À la fin, les anges du guet
M'auraient conduit sur le gibet.
Je serais mort, jambes en l'air,
Sur la veuve patibulaire,
En arrosant la mandragore,
L'herbe aux pendus qui revigore,
En bénissant avec les pieds
Les ribaudes apitoyé's.

Hélas ! tout ça, c'est des chansons.
Il faut se faire une raison.
Les choux-fleurs poussent à présent
Sur le charnier des Innocents.
Le Trou de la pomme de pin
N'est plus qu'un bar américain.
Y' a quelque chose de pourri
Au royaum' de truanderi'.
Je mourrai pas à Montfaucon,
Mais dans un lit, comme un vrai con,
Je mourrai, pas même pendard,
Avec cinq siècles de retard.
Ma dernière parole soit
Quelques vers de Maître François,
Et que j'emporte entre les dents
Un flocon des neiges d'antan...

Ma dernière parole soit
Quelques vers de Maître François...

Pardonnez-moi, Prince, si je
Suis foutrement moyenâgeux.

Le bulletin de santé

A C#
J'ai perdu mes bajou's, j'ai perdu ma bedaine,
D C#
Et, ce, d'une façon si nette, si soudaine
F#m D
Qu'on me suppose un mal qui ne pardonne pas,
B7 E7 A
Qui se rit d'Esculape et le laisse baba.

Le monstre du Loch Ness ne faisant plus recette
Durant les moments creux dans certaines gazettes,
Systématiquement, les nécrologues jou'nt,
À me mettre au linceul sous des feuilles de chou.

Or, lassé de servir de tête de massacre,
Des contes à mourir debout qu'on me consacre,
Moi qui me porte bien, qui respir' la santé,
Je m'avance et je cri' toute la vérité.

Toute la vérité, messieurs, je vous la livre :
Si j'ai quitté les rangs des plus de deux cents livres,
C'est la faute à Mimi, à Lisette, à Ninon,
Et bien d'autres, j'ai pas la mémoire des noms.

Si j'ai trahi les gros, les joufflus, les obèses,
C'est que je baise, que je baise, que je baise
Comme un bouc, un bélier, une bête, une brut',
Je suis hanté : le rut, le rut, le rut, le rut !

Qu'on me comprenne bien, j'ai l'âme du satyre
Et son comportement, mais ça ne veut point dire
Que j'en ai' le talent, le géni', loin s'en faut !
Pas une seule encor' ne m'a crié « bravo ! »

Entre autres fines fleurs, je compte, sur ma liste
Rose, un bon nombre de femmes de journalistes
Qui, me pensant fichu, mettent toute leur foi
À m'donner du bonheur une dernière fois.

C'est beau, c'est généreux, c'est grand, c'est magnifique !
Et, dans les positions les plus pornographiques,
Je leur rends les honneurs à fesses rabattu's
Sur des tas de bouillons, des paquets d'invendus.

Et voilà ce qui fait que, quand vos légitimes
Montrent leurs fesse' au peuple ainsi qu'à vos intimes,
On peut souvent y lire, imprimés à l'envers,
Les échos, les petits potins, les faits divers.

Et si vous entendez sourdre, à travers les plinthes
Du boudoir de ces dam's, des râles et des plaintes,
Ne dites pas : « C'est tonton Georges qui expire »,
Ce sont tout simplement les anges qui soupirent.

Et si vous entendez crier comme en quatorze :
« Debout ! Debout les morts ! » ne bombez pas le torse,
C'est l'épouse exalté' d'un rédacteur en chef
Qui m'incite à monter à l'assaut derechef.

Certe', il m'arrive bien, revers de la médaille,
De laisser quelquefois des plum's à la bataille…
Hippocrate dit: «Oui, c'est des crêtes de coq»,
Et Gallien répond «Non, c'est des gonocoqu's…»

Tous les deux ont raison. Vénus parfois vous donne
De méchants coups de pied qu'un bon chrétien pardonne,
Car, s'ils causent du tort aux attributs virils,
Ils mettent rarement l'existence en péril.

Eh bien, oui, j'ai tout ça, rançon de mes fredaines.
La barque pour Cythère est mise en quarantaine.
Mais je n'ai pas encor, non, non, non, trois fois non,
Ce mal mystérieux dont on cache le nom.

Si j'ai trahi les gros, les joufflus, les obèses,
C'est que je baise, que je baise, que je baise
Comme un bouc, un bélier, une bête, une brut',
Je suis hanté: le rut, le rut, le rut, le rut!

L'ancêtre

F C7 F7 Bb
Notre voisin l'ancêtre était un fier galant
Bbm Dm G7 C7
Qui n'emmerdait personne avec sa barbe blanche ;
F C7 F7 Bb
Et quand le bruit courut qu'ses jours étaient comptés,
Bbm F G7 C7 F
On s'en fut à l'hospice afin de l'assister.

A7 A7
On avait apporté les guitar's avec nous
Gm A7
Car, devant la musique, il tombait à genoux,
D7
Excepté toutefois les marches militaires
Am G7 C
Qu'il écoutait en se tapant le cul par terre. bis

A7 A7
Émules de Django, disciples de Crolla,
Gm A7
Toute la fine fleur des cordes était là
D7
Pour offrir à l'ancêtre, en signe d'affection,
Am G7 C
En guis' de viatique, une ultime audition. bis

C7 F C7 F7 Bb
Hélas ! les carabins ne les ont pas reçus,
Bbm Dm G7 C7
Les guitar's sont restées à la porte cochère ;
F C7 F7 Bb
Et le dernier concert de l'ancêtre déçu
Bbm F G7 Gm7 C7 F G7
Ce fut un pot-pourri de cantiques, peuchère !

C
Quand nous serons ancêtres,
C7
Du côté de Bicêtre,
C+ F
Pas de musique d'orgue, oh ! non,
Em
Pas de chants liturgiques
Dm A7
Pour qui aval' sa chique,
F E7 A7
Mais des guitar's, cré nom de nom !
D7 G7 C
Mais des guitar's, cré nom de nom !

On avait apporté quelques litres aussi,
Car le bonhomme avait la fièvre de Bercy
Et les soirs de nouba, parol' de tavernier,
À rouler sous la table il était le dernier. *bis*

Saumur, entre-deux-mers, beaujolais, marsala,
Toute la fine fleur de la vigne était là
Pour offrir à l'ancêtre, en signe d'affection,
En guis' de viatique, une ultime libation, *bis*

Hélas ! les carabins ne les ont pas reçus,
Les litres sont restés à la porte cochère ;
Et l' coup de l'étrier de l'ancêtre déçu
Ce fut un grand verre d'eau bénite, peuchère !

Quand nous serons ancêtres,
Du côté de Bicêtre,
Ne nous faites pas boire, oh ! non,
De ces eaux minéral's,
Bénites ou lustrales,
Mais du bon vin, cré nom de nom ! *bis*

On avait emmené les belles du quartier,
Car l'ancêtre courait la gueuse volontiers.
De sa main toujours leste et digne cependant
Il troussait les jupons par n'importe quel temps. *bis*

Depuis Manon Lescaut jusques à Dalila
Toute la fine fleur du beau sexe était là
Pour offrir à l'ancêtre, en signe d'affection,
En guis' de viatique, une ultime érection, *bis*

Hélas ! les carabins ne les ont pas reçu's,
Les belles sont restées à la porte cochère ;
Et le dernier froufrou de l'ancêtre déçu
Ce fut celui d'une robe de sœur, peuchère !

Quand nous serons ancêtres,
Du côté de Bicêtre,
Pas d'enfants de Marie, oh ! non,
Remplacez-nous les nonnes
Par des belles mignonnes
Et qui fument, cré nom de nom ! *bis*

Rien à jeter

Sans ses cheveux qui volent,
J'aurais dorénavant
Des difficultés folles
À voir d'où vient le vent.

Tout est bon chez elle, y a rien à jeter,
Sur l'île déserte il faut tout emporter.

Je me demande comme
Subsister sans ses joues
M'offrant de belles pommes
Nouvelles chaque jour.

Tout est bon chez elle, y a rien à jeter,
Sur l'île déserte il faut tout emporter.

Sans sa gorge, ma tête,
Dépourvu' de coussin,
Reposerait par terre
Et rien n'est plus malsain.

Tout est bon chez elle, y a rien à jeter,
Sur l'île déserte il faut tout emporter.

Sans ses hanches solides
Comment faire, demain,
Si je perds l'équilibre,
Pour accrocher mes mains ?

Tout est bon chez elle, y a rien à jeter,
Sur l'île déserte il faut tout emporter.

Elle a mille autres choses
Précieuses encore,
Mais en spectacle j'ose
Pas donner tout son corps.

Tout est bon chez elle, y a rien à jeter,
Sur l'île déserte il faut tout emporter.

Des charmes de ma mie
J'en passe et des meilleurs.
Vos cours d'anatomie
Allez les prendre ailleurs.

Tout est bon chez elle, y a rien à jeter,
Sur l'île déserte il faut tout emporter.

D'ailleurs, c'est sa faiblesse,
Elle tient à ses os
Et jamais ne se laisse-
Rait couper en morceaux.

Tout est bon chez elle, y a rien à jeter,
Sur l'île déserte il faut tout emporter.

Elle est quelque peu fière
Et chatouilleuse assez,
Et l'on doit tout entière
La prendre ou la laisser.

Tout est bon chez elle, y a rien à jeter,
Sur l'île déserte il faut tout emporter.

La religieuse

Am Dm Am
Tous les cœurs se rallient à sa blanche cornette ;
Dm Am
Si le chrétien succombe à son charme insidieux,
Dm Am
Le païen le plus sûr, l'athé' le plus honnête
Dm Am E7
Se laisseraient aller parfois à croire en Dieu.
Am D Am Dm
Et les enfants de chœur font tinter leur sonnette…

Il paraît que, dessous sa cornette fatale
Qu'elle arbore à la messe avec tant de rigueur,
Cette petite sœur cache, c'est un scandale !
Une queu'-de-cheval et des accroche-cœurs.
Et les enfants de chœur s'agitent dans les stalles…

Il paraît que, dessous son gros habit de bure,
Elle porte coquettement des bas de soi',
Festons, frivolités, fanfreluches, guipures,
Enfin tout ce qu'il faut pour que le diable y soit.
Et les enfants de chœur ont des pensées impures…

Il paraît que le soir, en voici bien d'une autre !
À l'heure où ses consœurs sont sagement couché's
Ou débitent pieusement des patenôtres,
Elle se déshabille devant sa psyché.
Et les enfants de chœur ont la fièvre, les pauvres…

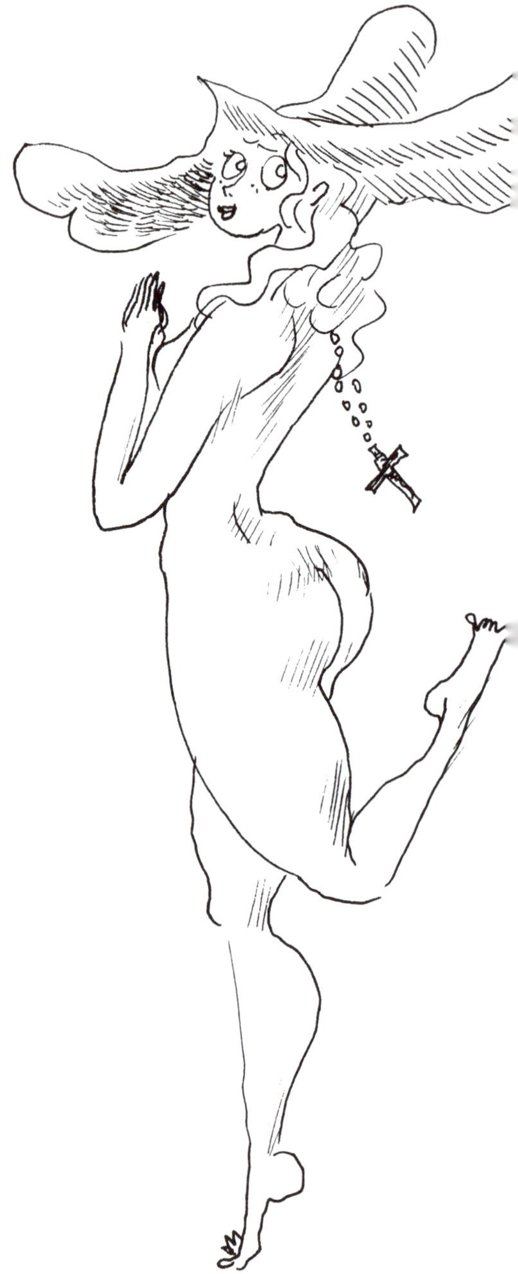

Il paraît qu'à loisir elle se mire nue,
De face, de profil, et même, hélas ! de dos,
Après avoir, sans gêne, accroché sa tenue
Aux branches de la croix comme au portemanteau.
Chez les enfants de chœur le malin s'insinue…

Il paraît que, levant au ciel un œil complice,
Ell' dit : « Bravo, Seigneur, c'est du joli travail ! »
Puis qu'elle ajoute avec encor plus de malice :
« La cambrure des reins, ça, c'est une trouvaille ! »
Et les enfants de chœur souffrent un vrai supplice…

Il paraît qu'à minuit, bonne mère, c'est pire :
On entend se mêler, dans d'étranges accords,
La voix énamouré' des anges qui soupirent
Et celle de la sœur criant « Encor ! Encor ! »
Et les enfants de chœur, les malheureux, transpirent…

Et monsieur le curé, que ces bruits turlupinent,
Se dit avec raison que le brave Jésus
Avec sa tête, hélas ! déjà chargé' d'épines,
N'a certes pas besoin d'autre chose dessus.
Et les enfants de chœur, branlant du chef, opinent…

Tout ça, c'est des faux bruits, des ragots, des sornettes,
De basses calomni's par Satan répandu's.
Pas plus d'accroche-cœurs sous la blanche cornette
Que de queu'-de-cheval, mais un crâne tondu.
Et les enfants de chœur en font, une binette…

Pas de troubles penchants dans ce cœur rigoriste,
Sous cet austère habit pas de rubans suspects.
On ne verra jamais la corne au front du Christ,
– Le veinard sur sa croix peut s'endormir en paix –
Et les enfants de chœur se masturber, tout tristes...

Bécassine

Bm F#m Bm
Un champ de blé prenait racine
A7 D F#7
Sous la coiffe de Bécassine,
Bm F#m Bm
Ceux qui cherchaient la toison d'or
A7 D
Ailleurs avaient bigrement tort.
B7 B7
Tous les seigneurs du voisinage,
Em
Les gros bonnets, grands personnages,
A7 D
Rêvaient de joindre à leur blason
Bm G E
Une boucle de sa toison.
F#7 Bm A7 D
Un champ de blé prenait racine
F#m Bm
Sous la coiffe de Bécassine.

C'est une espèce de robin,
N'ayant pas l'ombre d'un lopin,
Qu'elle laissa pendre, vainqueur,
Au bout de ses accroche-cœurs.
C'est une sorte de manant,
Un amoureux du tout-venant
Qui pourra chanter la chanson
Des blés d'or en toute saison
Et jusqu'à l'heure du trépas,
Si le diable s'en mêle pas.

Au fond des yeux de Bécassine
Deux pervenches prenaient racine,
Si belles que Sémiramis
Ne s'en est jamais bien remis'.
Et les grands noms à majuscules,
Les Cupidons à particules
Auraient cédé tous leurs acquêts
En échange de ce bouquet.
Au fond des yeux de Bécassine
Deux pervenches prenaient racine.

C'est une espèce de gredin,
N'ayant pas l'ombre d'un jardin,
Un soupirant de rien du tout
Qui lui fit faire les yeux doux.
B7 B7
C'est une sorte de manant,
Em
Un amoureux du tout-venant
A7 D
Qui pourra chanter la chanson
Des fleurs bleu's en toute saison
Et jusqu'à l'heure du trépas,
Si le diable s'en mêle pas.

À sa bouche, deux belles guignes,
Deux cerises tout à fait dignes,
Tout à fait dignes du panier
De madame de Sévigné.
Les hobereaux, les gentillâtres,
Tombés tous fous d'elle, idolâtres,
Auraient bien mis leur bourse à plat
Pour s'offrir ces deux guignes-là,
Tout à fait dignes du panier
De madame de Sévigné.

C'est une espèce d'étranger,
N'ayant pas l'ombre d'un verger,
Qui fit s'ouvrir, qui étrenna
Ses joli's lèvres incarnat.
C'est une sorte de manant,
Un amoureux du tout-venant
Qui pourra chanter la chanson
Du *Temps des c'ris*'s en tout' saison
Et jusqu'à l'heure du trépas,
Si le diable s'en mêle pas.

La rose, la bouteille et la poignée de main

F E7
Cette rose avait glissé de
A7 D
La gerbe qu'un héros gâteux
Dm7 G7 C
Portait au monument aux morts.
F E7
Comme tous les gens levaient leurs
A7 D Dm7
Yeux pour voir hisser les couleurs,
Am E7 Am
Je la recueillis sans remords.

C
Et je repris ma route et m'en allai quérir
F Em7 A7 Dm E7
Au p'tit bonheur la chance, un corsage à fleurir.
Am C
Car c'est une des pir's perversions qui soient
D Am B7 Am
Que de garder une rose par-devers soi.

F E7
La première à qui je l'offris
Am A7 D
Tourna la tête avec mépris,
Am F G7 C
La deuxième s'enfuit et court
Am F G7 C
Encore en criant «Au secours!»
F E7
Si la troisième m'a donné
A7 D
Un coup d'ombrelle sur le nez,
Am E7 Am
La quatrième, c'est plus méchant,
D E7 Am
Se mit en quête d'un agent.

F E7
Car, aujourd'hui, c'est saugrenu:
A7 D
Sans être louche, on ne peut pas
Dm7 G7 C
Fleurir de belles inconnu's.
F G7 C
On est tombé bien bas, bien bas…

F E7
Et ce pauvre petit bouton
A7 D
De rose a fleuri le veston
F E7 Am B7
D'un vague chien de commissaire,
E7 Am
Quelle misère!

Cette bouteille était tombé'
De la soutane d'un abbé
Sortant de la messe ivre mort.
Une bouteille de vin fin
Millésimé, béni, divin:
Je la recueillis sans remords.

Avec la bouteille de vin fin
Millésimé, béni, divin,
Les flics se sont rincé la dalle,
Un vrai scandale!

Et je repris ma route en cherchant, plein d'espoir,
Un brave gosier sec pour m'aider à la boire.
Car c'est une des pir's perversions qui soient
Que de garder du vin béni par-devers soi.

Le premier refusa mon verre
En me lorgnant d'un œil sévère,
Le deuxième m'a dit, railleur,
De m'en aller cuver ailleurs.
Si le troisième, sans retard,
Au nez m'a jeté le nectar,
Le quatrièm', c'est plus méchant,
Se mit en quête, d'un agent.

Car, aujourd'hui, c'est saugrenu:
Sans être louche, on ne peut pas
Trinquer avec des inconnus.
On est tombé bien bas, bien bas...

Cette pauvre poigné' de main
Gisait, oubliée, en chemin,
Par deux amis fâchés à mort.
Quelque peu décontenancé',
Elle était là, dans le fossé.
Je la recueillis sans remords.

Et je repris ma route avec l'intention
De faire circuler la virile effusion,
Car c'est une des pir's perversions qui soient
Qu' de garder une poigné' de main par-devers soi.

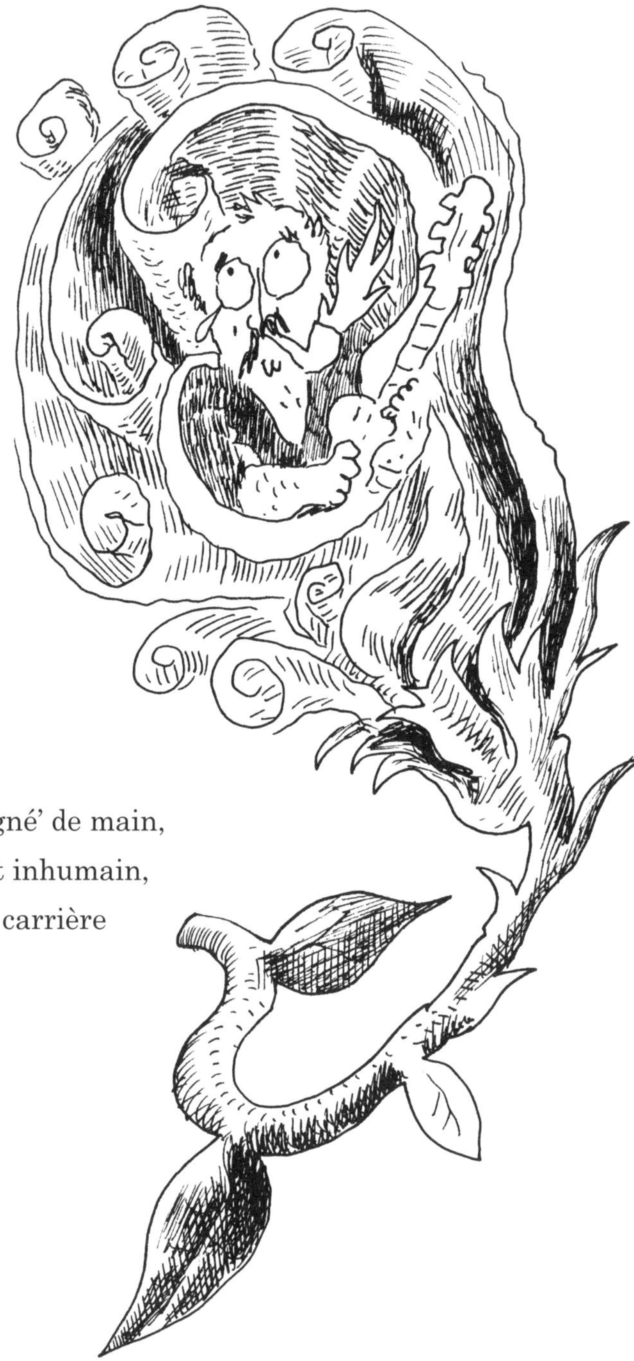

Le premier m'a dit: «Fous le camp!
J'aurais peur de salir mes gants.»
Le deuxième, d'un air dévot,
Me donna cent sous, d'ailleurs faux.
Si le troisième, ours mal léché,
Dans ma main tendue a craché,
Le quatrième, c'est plus méchant,
Se mit en quête d'un agent.

Car, aujourd'hui, c'est saugrenu:
Sans être louche, on ne peut pas
Serrer la main des inconnus.
On est tombé bien bas, bien bas...

Et la pauvre poigné' de main,
Victime d'un sort inhumain,
Alla terminer sa carrière
À la fourrière!

Misogynie à part

E7 E7
Misogynie à part, le sage avait raison :
F#7 F#7 F#7
Il y a les emmerdant's, on en trouve à foison,
B7 E
En foule elles se pressent ;
E7 E7
Il y a les emmerdeus's, un peu plus raffiné's ;
F#7 F#7
Et puis, très nettement au-dessus du panier,
B7 E7 A
Y'a les emmerderesses.

La mienne, à elle seul', sur tout's surenchérit,
Ell' relève à la fois des trois catégori's ;
Véritable prodige,
Emmerdante, emmerdeuse, emmerderesse itou,
Elle passe, ell' dépasse, elle surpasse tout,
F#7 B7 B7 E7 A
Ell' m'emmerde, vous dis-je.

Mon Dieu, pardonnez-moi ces propos bien amers.
Ell' m'emmerde, ell' m'emmerde, ell' m'emmerde, ell' m'emmer-
De, elle abuse, elle attige.
Ell' m'emmerde et j' regrett' mes bell's amours avec
La p'tite enfant d' Mari' que m'a soufflé' l'évêque,
Ell' m'emmerde, vous dis-je.

Ell' m'emmerde, ell' m'emmerde, et m'oblige à me cu-
Rer les ongles avant de confirmer son cul,
Or, c'est pas callipyge.
Et la charité seul' pouss' ma main résigné'
Vers ce cul rabat-joi', conique, renfrogné,
Ell' m'emmerde, vous dis-je.

Ell' m'emmerde, ell' m'emmerde, je le répète et quand
Ell' me tape sur le ventre, elle garde ses gants,
Et ça me désoblige.
Outre que ça dénote un grand manque de tact,
Ça n' favorise pas tellement le contact,
Ell' m'emmerde, vous dis-je.

Ell' m'emmerde, ell' m'emmerd', quand je tombe à genoux
Pour certain's dévotions qui sont bien de chez nous
Et qui donn'nt le vertige,
Croyant l'heure venu' de chanter le *Credo*,
Elle m'ouvre tout grand son missel sur le dos,
Ell' m'emmerde, vous dis-je.

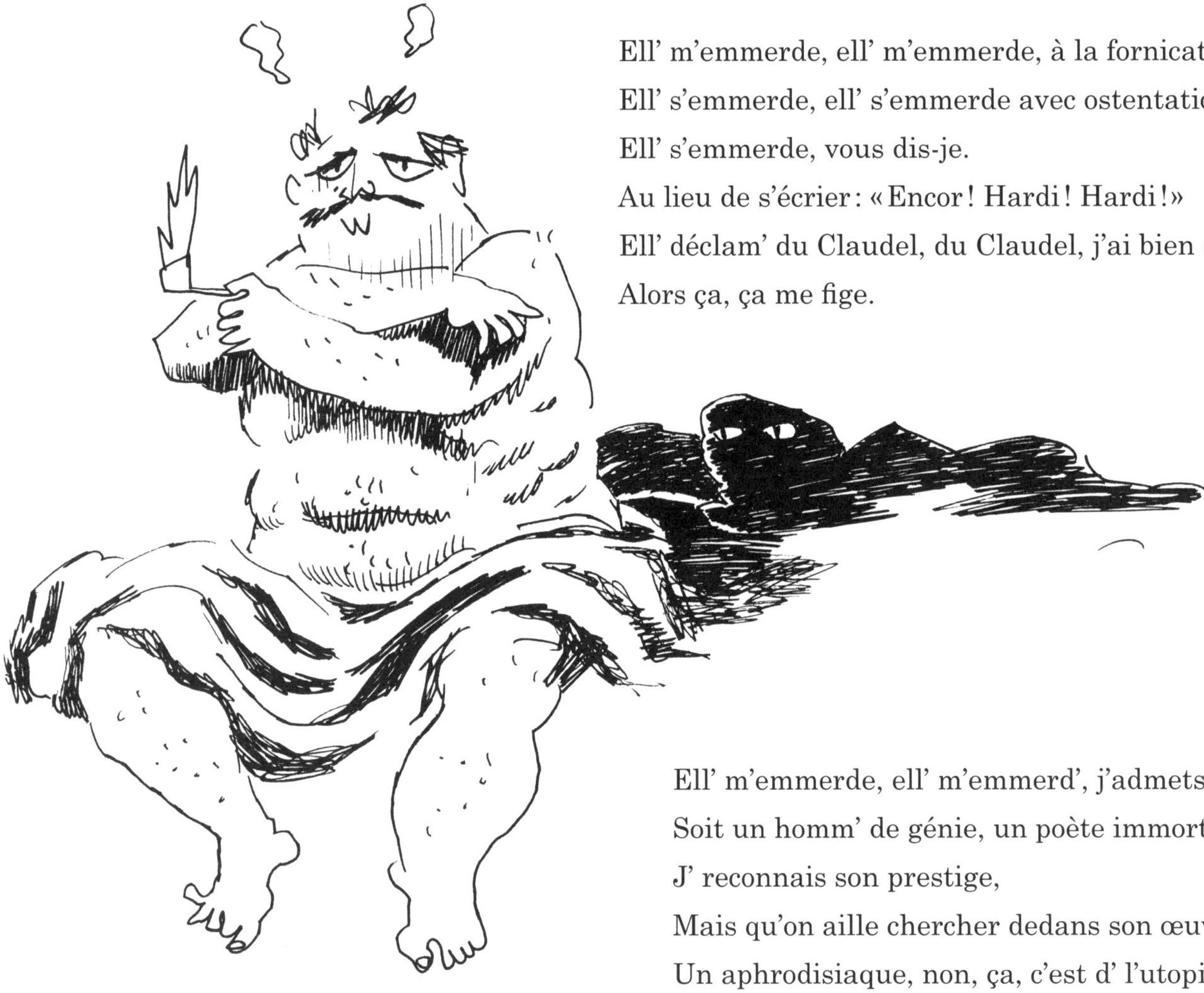

Ell' m'emmerde, ell' m'emmerde, à la fornication
Ell' s'emmerde, ell' s'emmerde avec ostentation,
Ell' s'emmerde, vous dis-je.
Au lieu de s'écrier : « Encor ! Hardi ! Hardi ! »
Ell' déclam' du Claudel, du Claudel, j'ai bien dit,
Alors ça, ça me fige.

Ell' m'emmerde, ell' m'emmerd', j'admets que ce Claude
Soit un homm' de génie, un poète immortel,
J' reconnais son prestige,
Mais qu'on aille chercher dedans son œuvre pie,
Un aphrodisiaque, non, ça, c'est d' l'utopie !
Ell' m'emmerde, vous dis-je.

Sale petit bonhomme

Bm E7
Sale petit bonhomme, il ne portait plus d'ailes,
A A F#7
Plus de bandeau sur l'œil, et d'un huissier modèle
Bm G Em F#7
Arborait les sombres habits.
Bm
Dès qu'il avait connu le krach, la banqueroute
E7 A A
De nos affair's de cœur, il s'était mis en route
G F#7 Bm
Pour recouvrer tout son fourbi.

Pas plus tôt descendu de sa noire calèche,
Il nous a dit : « Je viens récupérer mes flèches
Maintenant pour vous superflu's. »
Sans une ombre de peine ou de mélancolie,
On l'a vu remballer la vaine panoplie
Des amoureux qui ne jouent plus.

Avisant, oublié', la pauvre marguerite
Qu'on avait effeuillé', jadis, selon le rite,
Quand on s'aimait un peu, beaucoup,
L'un après l'autre, en place, il remit les pétales ;
La veille encore, on aurait crié au scandale,
On lui aurait tordu le cou.

Il brûla nos trophé's, il brûla nos reliques,
Nos gages, nos portraits, nos lettres idylliques,
Bien belle fut la part du feu.
Et je n'ai pas bronché, pas eu la mort dans l'âme,
Quand, avec tout le reste, il passa par les flammes
Une boucle de vos cheveux.

Enfin, pour bien montrer qu'il faisait table rase,
Il effaça du mur l'indélébile phrase :
« Paul est épris de Virginie. »
De Virgini', d'Hortense ou bien de Caroline,
J'oubli' presque toujours le nom de l'héroïne
Quand la comédie est finie.

« Faut voir à pas confondre amour et bagatelle,
À pas trop mélanger la rose et l'immortelle,
Qu'il nous a dit en se sauvant,
À pas traiter comme une affaire capitale
Une petite fantaisi' sentimentale.
Plus de crédit dorénavant ! »

Ma mi', ne prenez pas ma complainte au tragique.
Les raisons, qui ce soir m'ont rendu nostalgique,
Sont les moins nobles des raisons.
Et j'aurais sans nul doute enterré cette histoire
Si, pour renouveler un peu mon répertoire,
Je n'avais besoin de chansons.

Le blason

A F#m C#7 D
Ayant avecques lui toujours fait bon ménage,
Em F#7 Bm F#m E7 A E+
J'eusse aimé célébrer, sans être inconvenant,
A F#m C#7 D
Tendre corps féminin, ton plus bel apanage,
Em F#7 Bm F#m E7 A
Que tous ceux qui l'ont vu disent hallucinant.

C'eût été mon ultime chant, mon chant du cygne,
Mon dernier billet doux, mon message d'adieu.
Or, malheureusement, les mots qui le désignent
Le disputent à l'exécrable, à l'odieux.

C'est la grande pitié de la langue française
C'est son talon d'Achille et c'est son déshonneur
De n'offrir que des mots entachés de bassesse
À cette incomparable instrument de bonheur.

Alors que tant de fleurs ont des noms poétiques,
Tendre corps féminin, c'est fort malencontreux
Que la fleur la plus douce la plus érotique
Et la plus enivrante en ait un si scabreux.

Mais le pire de tous est un petit vocable
De trois lettres pas plus, familier, coutumier,
Il est inexplicable, il est irrévocable,
Honte à celui-là qui l'employa le premier.

Honte à celui-là qui, par dépit, par gageure,
Dota de même terme, en son fiel venimeux,
Ce grand ami de l'homme et la cinglante injure ;
Celui-là, c'est probable, en était un fameux.

Misogyne à coup sûr, asexué sans doute,
Au charme de Vénus absolument rétif,
Était ce bougre qui, toute honte bu', toute,
Fit ce rapprochement, d'ailleurs intempestif.

La male peste soit de cette homonymie !
C'est injuste, madame, et c'est désobligeant
Que ce morceau de roi de votre anatomie.
Porte le même nom qu'une foule de gens.

Fasse le ciel qu'un jour, dans un trait de génie,
Un poète inspiré que Pégase soutient
Donne, effaçant d'un coup des siècles d'avanie,
À cette vrai' merveille un joli nom chrétien.

En attendant, madame, il semblerait dommage,
Et vos adorateurs en seraient tous peinés,
D'aller perdre de vu' que, pour lui rendre hommage,
Il est d'autre moyen et que je les connais
Et que je les connais.

La ballade des gens qui sont nés quelque part

C'est vrai qu'ils sont plaisants tous ces petits villages,
Tous ces bourgs, ces hameaux, ces lieux-dits, ces cités,
Avec leurs châteaux-forts, leurs églises, leurs plages,
Ils n'ont qu'un seul point faible et c'est d'être habités,
Et c'est d'être habités par des gens qui regardent
Le reste avec mépris du haut de leurs remparts,
La race des chauvins, des porteurs de cocardes :
Les imbécil's heureux qui sont nés quelque part.
Les imbécil's heureux qui sont nés quelque part.

Maudits soient ces enfants de leur mère patrie
Empalés une fois pour tout's sur leur clocher,
Qui vous montrent leurs tours, leurs musé's, leur mairie,
Vous font voir du pays natal jusqu'à loucher.
Qu'ils sortent de Paris, ou de Rome, ou de Sète,
Ou du diable vauvert ou bien de Zanzibar
Ou même de Montcuq, ils s'en flattent, mazette,
Les imbécil's heureux qui sont nés quelque part.

Le sable dans lequel, douillettes, leurs autruches
Enfouissent la tête, on trouve pas plus fin.
Quant à l'air qu'ils emploient pour gonfler leurs baudruches,
Leurs bulles de savon, c'est du souffle divin.
Et, petit à petit, les voilà qui se montent
Le cou jusqu'à penser que le crottin fait par
Leurs chevaux, même en bois, rend jaloux tout le monde,
Les imbéciles heureux qui sont nés quelque part. bis

C'est pas un lieu commun celui de leur naissance,
Ils plaignent de tout cœur les pauvres malchanceux,
Les petits maladroits qui n'eurent pas la présence,
La présence d'esprit de voir le jour chez eux.
Quand sonne le tocsin sur leur bonheur précaire,
Contre les étrangers tous plus ou moins barbares,
Ils sortent de leur trou pour mourir à la guerre,
Les imbéciles heureux qui sont nés quelque part. bis

Mon Dieu, qu'il ferait bon sur la terre des hommes
Si l'on n'y rencontrait cette race incongru',
Cette race importune et qui partout foisonne :
La race des gens du terroir, des gens du cru.
Que la vi' serait belle en toutes circonstances
Si vous n'aviez tiré du néant ces jobards,
Preuve, peut-être bien, de votre inexistence :
Les imbéciles heureux qui sont nés quelque part. bis

Mourir pour des idées

Am C D Am C D
Mourir pour des idé's, l'idée est excellente.
Am C D E7 Am
Moi j'ai failli mourir de ne l'avoir pas eu'.
Am C D Am C B
Car tous ceux qui l'avaient, multitude accablante,
Am C D E7 Am
En hurlant à la mort me sont tombés dessus.
Dm G7
Ils ont su me convaincre et ma muse insolente,
C
Abjurant ses erreurs, se rallie à leur foi
E7 E7
Avec un soupçon de réserve toutefois:
Am F G7 C
Mourons pour des idé's, d'accord, mais de mort lente,
F E7 Am
D'accord, mais de mort lente.

Jugeant qu'il n'y a pas péril en la demeure,
Allons vers l'autre monde en flânant en chemin
Car, à forcer l'allure, il arrive qu'on meure
Pour des idé's n'ayant plus cours le lendemain.
Or, s'il est une chose amère, désolante,
En rendant l'âme à Dieu c'est bien de constater
Qu'on a fait fausse rout', qu'on s'est trompé d'idé',
Mourons pour des idé's, d'accord, mais de mort lente,
D'accord, mais de mort lente.

Les Saint Jean Bouche-d'Or qui prêchent le martyre,
Le plus souvent, d'ailleurs, s'attardent ici-bas.
Mourir pour des idées, c'est le cas de le dire,
C'est leur raison de vivre, ils ne s'en privent pas.
Dans presque tous les camps on en voit qui supplantent
Bientôt Mathusalem dans la longévité.
J'en conclus qu'ils doivent se dire, en aparté:
«Mourons pour des idé's, d'accord, mais de mort lente,
D'accord, mais de mort lente.»

Des idé's réclamant le fameux sacrifice,
Les sectes de tout poil en offrent des séquelles,
Et la question se pose aux victimes novices:
Mourir pour des idé's, c'est bien beau mais lesquelles?
Et comme toutes sont entre elles ressemblantes,
Quand il les voit venir, avec leur gros drapeau,
Le sage, en hésitant, tourne autour du tombeau.
Mourons pour des idé's, d'accord, mais de mort lente,
D'accord, mais de mort lente.

Encor s'il suffisait de quelques hécatombes
Pour qu'enfin tout changeât, qu'enfin tout s'arrangeât !
Depuis tant de «grands soirs» que tant de têtes tombent,
Au paradis sur terre on y serait déjà.
Mais l'âge d'or sans cesse est remis aux calendes,
Les dieux ont toujours soif, n'en ont jamais assez,
Et c'est la mort, la mort toujours recommencé'...
Mourons pour des idé's, d'accord, mais de mort lente,
D'accord, mais de mort lente.

Ô vous, les boutefeux, ô vous les bons apôtres,
Mourez donc les premiers, nous vous cédons le pas.
Mais de grâce, morbleu ! laissez vivre les autres !
La vie est à peu près leur seul luxe ici-bas ;
Car, enfin, la Camarde est assez vigilante,
Elle n'a pas besoin qu'on lui tienne la faux.
Plus de danse macabre autour des échafauds !
Mourons pour des idé's, d'accord, mais de mort lente,
D'accord, mais de mort lente.

La princesse et le croque-note

Am E7 Am E7
Jadis, au lieu du jardin que voici,
Am E7 Am E7
C'était la zone et tout ce qui s'ensuit,
Am G7 C G7
Des masures, des taudis insolites,
C F E7
Des ruines pas romaines pour un sou.
Am F E7
Quant à la faune habitant là-dessous
Am G7 C F E7 Am E7
C'était la fine fleur, c'était l'élite.

La fine fleur, l'élite du pavé.
Des besogneux, des gueux, des réprouvés,
Des mendiants rivalisant de tares,
Des chevaux de retour, des propre' à rien,
Ainsi qu'un croque-note, un musicien,
Une épave accrochée à sa guitare.

Adopté' par ce beau monde attendri,
Une petite fée avait fleuri
Au milieu de toute cette bassesse.
Comme on l'avait trouvé' près du ruisseau,
Abandonnée en un somptueux berceau,
À tout hasard on l'appelait «Princesse».

Or, un soir, Dieu du ciel, protégez-nous !
La voilà qui monte sur les genoux
Du croque-note et doucement soupire,
En rougissant quand même un petit peu :
« C'est toi que j'aime et, si tu veux, tu peux
M'embrasser sur la bouche et même pire ... »

« – Tout beau, Princesse arrête un peu ton tir,
J'ai pas tell'ment l'étoffe du satyr'.
Tu as treize ans, j'en ai trente qui sonnent,
Gross' différence et je ne suis pas chaud
Pour tâter d'la paill' humid' du cachot ...
– Mais, croque-not', j'dirai rien à personne ...

– N'insiste pas, fit-il d'un ton railleur,
D'abord, tu n'es pas mon genre, et d'ailleurs
Mon cœur est déjà pris par une grande... »
Alors Princesse est partie en courant,
Alors Princesse est partie en pleurant,
Chagrine qu'on ait boudé son offrande.

Y' a pas eu détournement de mineure,
Le croque-note au matin, de bonne heure,
À l'anglaise a filé dans la charrette
Des chiffonniers en grattant sa guitare.
Passant par là quelque vingt ans plus tard,
Il a le sentiment qu'il le regrette.

Quatre-vingt-quinze pour cent

G A7 D Bm
La femme qui possède tout en elle
Em F#7 Bm
Pour donner le goût des fêtes charnelles,
Em F#7 Bm
La femme qui suscite en nous tant de passion brutale,
C#7 F#7
La femme est avant tout sentimentale.
G A7 D Bm
Main dans la main les longues promenades,
Em F#7 Bm
Les fleurs, les billets doux, les sérénades,
Em F#7 Bm
Les crimes, les foli's que pour ses beaux yeux l'on commet
C#7 Bm
La transportent, mais…

Refrain

D A7
Quatre-vingt-quinze fois sur cent,
D F#7
La femme s'emmerde en baisant.
Bm F#7
Qu'elle le taise ou le confesse
Bm A7
C'est pas tous les jours qu'on lui déride les fesses.
D A7
Les pauvres bougres convaincus
D F#7
Du contraire sont des cocus.
G A7 D
À l'heure de l'œuvre de chair
Bm Em A7 B7
Elle est souvent triste, peuchèr !
Em A7 D
S'il n'entend le cœur qui bat,
Bm Em A7 D
Le corps non plus ne bronche pas.

Sauf quand elle aime un homme avec tendresse,
Toujours sensible alors à ses caresses,
Toujour bien disposé', toujours encline à s'émouvoir,
Ell' s'emmerd' sans s'en apercevoir.
Ou quand elle a des besoins tyranniques,
Qu'elle souffre de nymphomani' chronique,
C'est ell' qui fait alors passer à ses adorateurs
De fichus quarts d'heure.

Refrain

Les «encore», les «c'est bon», les «continue»
Qu'ell' cri' pour simuler qu'ell' monte aux nues,
C'est pure charité; les soupir des anges ne sont
En général que de pieux menson(ges).
C'est à seule fin que son partenaire
Se croie un amant extraordinaire,
Que le coq imbécile et prétentieux perché dessus
Ne soit pas déçu.

Refrain

J'entends aller de bon train les commentaires
De ceux qui font des châteaux à Cythère:
«C'est parce que tu n'es qu'un malhabile, un maladroit,
Qu'elle conserve toujours son sang-froid.»
Peut-être, mais si les assauts vous pèsent
De ces petits m'as-tu-vu-quand-je-baise,
Mesdam's, en vous laissant manger le plaisir sur le dos,
Chantez in petto...

Refrain

Stances à un cambrioleur

Prince des monte-en-l'air et de la cambriole,
Toi qui eus le bon goût de choisir ma maison
Cependant que je colportais mes gaudrioles,
En ton honneur j'ai composé cette chanson.

Sache que j'apprécie à sa valeur le geste
Qui te fit bien fermer la porte en repartant
De peur que des rôdeurs n'emportassent le reste ;
Des voleurs comme il faut c'est rare de ce temps.

Tu ne m'as dérobé que le strict nécessaire,
Délaissant, dédaigneux, l'exécrable portrait
Que l'on m'avait offert à mon anniversaire ;
Quel bon critique d'art, mon salaud, tu ferais !

Autre signe indiquant toute absence de tare,
Respectueux du brave travailleur tu n'as
Pas cru décent de me priver de ma guitare,
Solidarité sainte de l'artisanat.

Pour toutes ces raisons, vois-tu, je te pardonne
Sans arrière-pensée après mûr examen ;
Ce que tu m'as volé, mon vieux, je te le donne,
Ça pouvait pas tomber en de meilleures mains.

D'ailleurs, moi qui te parle, avec mes chansonnettes,
Si je n'avais pas dû rencontrer le succès,
J'aurais, tout comme toi, pu virer malhonnête,
Je serais devenu ton complice, qui sait ?

En vendant ton butin, prends garde au marchandage,
Ne va pas tout lâcher en solde aux receleurs,
Tiens-leur la dragée haute en évoquant l'adage
Qui dit que ces gens-là sont pis que les voleurs.

Fort de ce que je n'ai pas sonné les gendarmes,
Ne te crois pas du tout tenu de revenir ;
Ta moindre récidive abolirait le charme,
Laisse-moi je t'en pri', sur un bon souvenir.

Monte-en-l'air, mon ami, que mon bien te profite,
Que Mercure te préserve de la prison ;
Et pas trop de remords, d'ailleurs, nous sommes quittes ;
Après tout ne te dois-je pas une chanson ?

Post-scriptum. Si le vol est l'art que tu préfères,
Ta seule vocation, ton unique talent,
Prends donc pignon sur ru', mets-toi dans les affaires,
Et tu auras les flics même comme chalands.

À l'ombre des maris

D A7 D A7
Les dragons de vertu n'en prennent pas ombrage,
D F#7
Si j'avais eu l'honneur de commander à bord,
Bm F#7 Bm F#7
À bord du Titanic quand il a fait naufrage,
Bm F#7
J'aurais crié : « Les femm's adultères d'abord ! »

Refrain

Bm F#7 Bm
Ne jetez pas la pierre à la femme adultère,
A7
Je suis derrière…

Car, pour combler les vœux, calmer la fièvre ardente
Du pauvre solitaire et qui n'est pas de bois,
Nulle n'est comparable à l'épouse inconstante.
Femmes de chefs de gar', c'est vous la fleur des pois.

Refrain

Quant à vous, messeigneurs, aimez à votre guise,
En ce qui me concerne, ayant un jour compris
Qu'une femme adultère est plus qu'une autre exquise,
Je cherche mon bonheur à l'ombre des maris.

Refrain

À l'ombre des maris mais, cela va sans dire,
Pas n'importe lesquels, je les tri', les choisis.
Si madame Dupont, d'aventure, m'attire,
Il faut que, par surcroît, Dupont me plaise aussi !

Refrain

Il convient que le bougre ait une bonne poire
Sinon, me ravisant, je détale à grands pas ;
Car je suis difficile et me refuse à boire
Dans le verr' d'un monsieur qui ne me revient pas.

Refrain

Ils sont loin mes débuts où, manquant de pratique,
Sur des femmes de flics je mis mon dévolu.
Je n'étais pas encore ouvert à l'esthétique.
Cette faute de goût je ne la commets plus.

Refrain

Oui, je suis tatillon, pointilleux, mais j'estime
Que le mari doit être un gentleman complet,
Car on finit tous deux par devenir intimes
À force, à force de se passer le relais.

Refrain

Mais si l'on tombe, hélas ! sur des maris infâmes,
Certains sont si courtois, si bons si chaleureux,
Que, même après avoir cessé d'aimer leur femme,
On fait encore semblant uniquement pour eux.

Refrain

C'est mon cas ces temps-ci, je suis triste, malade,
Quand je dois faire honneur à certaine pécore.
Mais, son mari et moi, c'est Oreste et Pylade,
Et, pour garder l'ami, je la cajole encore.

Refrain

Le roi

Bm F#m
Non certe', elle n'est pas bâtie,
Bm F#m Bm
Non certe', elle n'est pas bâtie
Bm F#m
Sur du sable, sa dynastie,
Bm F#7 Bm
Sur du sable, sa dynastie.

Em A7 D Bm
Il y a peu de chances qu'on
Em F#7 Bm
Détrône le roi des cons.

Il peut dormir, ce souverain,
Il peut dormir, ce souverain
Sur ses deux oreilles, serein,
Sur ses deux oreilles, serein.

Il y a peu de chances qu'on
Détrône le roi des cons.

Je, tu, il, elle, nous, vous, ils,
Je, tu, il, elle, nous, vous, ils,
Tout le monde le suit, docil',
Tout le monde le suit, docil'.

Il y a peu de chances qu'on
Détrône le roi des cons.

Il est possible, au demeurant,
Il est possible, au demeurant
Qu'on déloge le shah d'Iran,
Qu'on déloge le shah d'Iran,

Mais il y a peu de chances qu'on
Détrône le roi des cons.

Qu'un jour on dise : « C'est fini »,
Qu'un jour on dise : « C'est fini »
Au petit roi de Jordani',
Au petit roi de Jordani',

Mais il y a peu de chances qu'on
Détrône le roi des cons.

Qu'en Abyssinie on récus',
Qu'en Abyssinie on récus',
Le roi des rois, le bon Négus,
Le roi des rois, le bon Négus,

Mais il y a peu de chances qu'on
Détrône le roi des cons.

Que, sur un air de fandango,
Que, sur un air de fandango,
On congédi' le vieux Franco,
On congédi' le vieux Franco,

Mais il y a peu de chances qu'on
Détrône le roi des cons.

Que la couronne d'Angleterre,
Que la couronne d'Angleterre,
Ce soir, demain, roule par terre,
Ce soir, demain, roule par terre,

Mais il y a peu de chances qu'on
Détrône le roi des cons.

Que, ça c'est vu dans le passé,
Que, ça c'est vu dans le passé,
Marianne soit renversé',
Marianne soit renversé',

Mais il y a peu de chances qu'on
Détrône le roi des cons.

Sauf le respect que je vous dois

D A7 D
Si vous y tenez tant, parlez-moi des affair's publiques,
A7 D
Encor que ce sujet me rende un peu mélancolique,
G F#m Em B7
Parlez-m'en toujours, je n' vous en tiendrai pas rigueur…
Bm Bm7 Am B7
Parlez-moi d'amour et j' vous fous mon poing sur la gueule,
E7 A7 D
Sauf le respect que je vous dois.

Fi des chantres bêlant qui taquin'nt la muse érotique,
Des poètes galants qui lèchent le cul d'Aphrodite,
Des auteurs courtois qui vont en se frappant le cœur…
Parlez-moi d'amour et j' vous fous mon poing sur la gueule,
Sauf le respect que je vous dois.

Naguère mes idé's reposaient sur la non-violence,
Mon agressivité, je l'avais réduite au silence,
Mais tout tourne court, ma compagne était une gueuse…
Parlez-moi d'amour et j' vous fous mon poing sur la gueule,
Sauf le respect que je vous dois.

Ancienne enfant trouvé' n'ayant connu père ni mère,
Coiffée d'un chap'ron rouge ell' s'en fut, ironie amère,
Porter soi-disant une galette à son aïeule…
Parlez-moi d'amour et j' vous fous mon poing sur la gueule,
Sauf le respect que je vous dois.

Je l'attendis un soir, je l'attendis jusqu'à l'aurore,
Je l'attendis un an, pour peu je l'attendrais encore,
Un loup de rencontre aura séduite cette fugueuse…
Parlez-moi d'amour et j' vous fous mon poing sur la gueule,
Sauf le respect que je vous dois.

Cupidon, ce salaud, geste chez lui qui n'est pas rare,
Avait trempé sa flèche un petit peu dans le curare,
Le philtre magique avait tout du bouillon d'onze heures…
Parlez-moi d'amour et j' vous fous mon poing sur la gueule,
Sauf le respect que je vous dois.

Ainsi qu'il est fréquent, sous la blancheur de ses pétales,
La marguerite cachait une tarentule, un crotale,
Une vrai' vipère à la fois lubrique et visqueuse…
Parlez-moi d'amour et j' vous fous mon poing sur la gueule,
Sauf le respect que je vous dois.

Que le septième ciel sur ma pauvre tête retombe!
Lorsque le désespoir m'aura mis au bord de la tombe,
Cet ultime discours s'exhalera de mon linceul:
Parlez-moi d'amour et j' vous fous mon poing sur la gueule,
Sauf le respect que je vous dois.

Fernande

D D+5
Une manie de vieux garçon,
G F#7
Moi, j'ai pris l'habitude
Am B7 A7 F#7
D'agrémenter ma solitude
Bm E7 A7 D
Aux accents de cette chanson :

Refrain

E7 A F#7 Bm
Quand je pense à Fernande
E7 E+5 A
Je bande, je bande ;
A7 D
Quand j' pense à Félici',
D
Je bande aussi ;
A7 D
Quand j' pense à Léonor,
E7 G# A
Mon dieu je bande encore ;
C#7 F#m
Mais quand j' pense à Lulu,
E7 F#m
Là je ne bande plus.
C#7 F#m
La bandaison, papa,
E7 F#m E7 A7
Ça n' se commande pas.

C'est cette mâle ritournelle,
Cette antienne virile,
Qui retentit dans la guérite
De la vaillante sentinelle :

Refrain

Afin de tromper son cafard,
De voir la vi' moins terne
Tout en veillant sur sa lanterne,
Chante ainsi le gardien de phar' :

Refrain

Après la prière du soir,
Comme il est un peu triste,
Chante ainsi le séminariste
À genoux sur son reposoir :

Refrain

À l'Étoile où j'étais venu
Pour ranimer la flamme,
J'entendis, ému jusqu'aux larmes,
La voix du Soldat inconnu :

Refrain

Et je vais mettre un point final
À ce chant salutaire,
En suggérant au solitaire
D'en faire un hymne national :

Refrain

Trompe la mort

Bm E
Avec cette neige à foison
G F#7
Qui coiffe, coiffe ma toison,
Bm
On peut me croire à vue de nez
A7 D F#7
Blanchi sous le harnais.
Bm E
Eh bien, Mesdames et Messieurs,
G F#7
C'est rien que de la poudre aux yeux,
Bm
C'est rien que de la comédie,
F#7 Bm B7
Que de la parodie.
Em A7
C'est pour tenter de couper court
D B7
À l'avance du temps qui court,
Em A7
De persuader ce vieux goujat
D B7
Que tout le mal est fait déjà.
Em A7
Mais, dessous la perruque, j'ai
D F#7
Mes vrais cheveux couleur de jais.
B7 E Em
C'est pas demain la veille, bon Dieu!
F#7 Bm
De mes adieux.

Et si j'ai l'air moins guilleret,
Moins solide sur mes jarrets,
Si je chemine avec lenteur
D'un train de sénateur,
N'allez pas dire «Il est perclus»,
N'allez pas dire «Il n'en peut plus».
C'est rien que de la comédie,
Que de la parodie.
Histoire d'endormir le temps,
Calculateur impénitent,
De tout brouiller, tout embrouiller
Dans le fatidique sablier.
En fait, à l'envers du décor,
Comme vingt ans, je trotte encore.
C'est pas demain la veille, bon Dieu!
De mes adieux.

Et si mon cœur bat moins souvent
Et moins vite qu'auparavant,
Si je chasse avec moins de zèle
Les gentes demoiselles,
Pensez pas que je sois blasé
De leurs caresses, leurs baisers,
C'est rien que de la comédie,
Que de la parodie.
Pour convaincre le temps berné
Qu'mes fêtes galantes sont terminées,
Que je me retire en coulisse,
Que je n'entrerai plus en lice.
Mais je reste un sacré gaillard
Toujours actif, toujours paillard.
C'est pas demain la veille, bon Dieu!
De mes adieux.

Et si jamais au cimetière,
Un de ces quatre, on porte en terre,
Me ressemblant à s'y tromper,
Un genre de macchabée,
N'allez pas noyer le souffleur
En lâchant la bonde à vos pleurs,
Ce sera rien que comédie,
Rien que fausse sortie.
Et puis, coup de théâtre, quand
Le temps aura levé le camp,
Estimant que la farce est jouée,
Moi tout heureux, tout enjoué,
J' m'exhumerai du caveau
Pour saluer sous les bravos.
C'est pas demain la veille, bon Dieu!
De mes adieux.

Le modeste

Les pays, c'est pas ça qui manque,
On vient au monde à Salamanque
À Paris, Bordeaux, Lille, Brest(e).
Lui, la nativité le prit
Du côté des Saintes-Maries,
C'est un modeste.

Comme jadis a fait un roi,
Il serait bien fichu, je crois,
De donner le trône et le reste
Contre un seul cheval camarguais
Bancal, vieux, borgne, fatigué,
C'est un modeste.

Suivi de son pin parasol,
S'il fuit sans mêm' toucher le sol
Le moindre effort comme la peste,
C'est qu'au chantier ses bras d'Hercule
Rendraient les autres ridicules,
C'est un modeste.

À la pétanque, quand il perd,
Te fais pas de souci, pépère,
Si d'aventure il te conteste,
S'il te boude, s'il te rudoie.
Au fond, il est content pour toi,
C'est un modeste.

Si, quand un emmerdeur le met
En rogne, on ne le voit jamais
Lever sur l'homme une main leste,
C'est qu'il juge pas nécessaire
D'humilier un adversaire,
C'est un modeste.

Et quand il tombe amoureux fou
Y a pas de danger qu'il l'avoue :
Les effusions, dame, il déteste.
Selon lui, mettre en plein soleil
Son cœur ou son cul c'est pareil,
C'est un modeste.

Quand on enterre un imbécile
De ses amis, s'il raille, s'il
A l'œil sec et ne manifeste
Aucun chagrin, t'y fie pas trop :
Sur la patate, il en a gros,
C'est un modeste.

Et s'il te traite d'étranger
Que tu sois de Naples, d'Angers
Ou d'ailleurs, remets pas la veste.
Lui, quand il t'adopte, pardi !
Il veut pas que ce soit le dit,
C'est un modeste.

Si tu n'as pas tout du grimaud,
Si tu sais lire entre les mots,
Entre les faits, entre les gestes.
Lors, tu verras clair dans son jeu,
Et que ce bel avantageux,
C'est un modeste.

Cupidon s'en fout

Am Am
Pour changer en amour notre amourette,
C D7
Il s'en serait pas fallu de beaucoup ;
E7 E7
Mais, ce jour-là, Vénus était distraite,
Am G7 C
Il est des jours où Cupidon s'en fout.
Bb E7 Am
Il est des jours où Cupidon s'en fout.

Des jours où il joue les mouches du coche,
Où elles sont émoussées dans le bout
Les flèches courtoises qu'il nous décoche.
Il est des jours où Cupidon s'en fout. bis

Se consacrant à d'autres imbéciles,
Il n'eut pas l'heur de s'occuper de nous,
Avec son arc et tous ses ustensiles,
Il est des jours où Cupidon s'en fout. bis

On a tenté sans lui d'ouvrir la fête.
Sur l'herbe tendre, on s'est roulés, mais vous
Avez perdu la vertu, pas la tête.
Il est des jours où Cupidon s'en fout. bis

Si vous m'avez donné toute licence,
Le cœur, hélas, n'était pas dans le coup,
Le feu sacré brillait par son absence.
Il est des jours où Cupidon s'en fout. bis

On effeuilla vingt fois la marguerite,
Elle tomba vingt fois sur « pas du tout » ;
Et notre pauvre idylle a fait faillite.
Il est des jours où Cupidon s'en fout. bis

Quand vous irez au bois conter fleurette,
Jeunes galants, le ciel soit avec vous.
Je n'eus pas cette chance et le regrette.
Il est des jours où Cupidon s'en fout. bis

Don Juan

Bm F#7 Bm F#7
Gloire à qui freine à mort, de peur d'écrabouiller
Bm F#7 Bm F#7
Le hérisson perdu, le crapaud fourvoyé !
G F#7 G G F#7
Et gloire à don Juan, d'avoir un jour souri
D F#7 Bm
À celle à qui les autres n'attachaient aucun prix !
Em F#7 Bm
Cette fille est trop vilaine, il me la faut.

Gloire au flic qui barrait le passage aux autos
Pour laisser traverser les chats de Léautaud !
Et gloire à don Juan d'avoir pris rendez-vous,
Avec la délaissée que l'amour désavoue !
Cette fille est trop vilaine, il me la faut.

Gloire au premier venu qui passe et qui se tait
Quand la canaille crie « haro sur le baudet » !
Et gloire à don Juan pour ses galants discours
À celle à qui les autres faisaient jamais la cour !
Cette fille est trop vilaine, il me la faut.

Et gloire à ce curé sauvant son ennemi
Lors du massacre de la Saint-Barthélemy !
Et gloire à don Juan qui couvrit de baisers
La fille que les autres refusaient d'embrasser !
Cette fille est trop vilaine, il me la faut.

Et gloire à ce soldat qui jeta son fusil
Plutôt que d'achever l'otage à sa merci !
Et gloire à don Juan d'avoir osé trousser
Celle dont le jupon restait toujours baissé !
Cette fille est trop vilaine, il me la faut.

Gloire à la bonne sœur qui, par temps pas très chaud,
Dégela dans sa main le pénis du manchot !
Et gloire à don Juan qui fit reluire un soir
Ce cul déshérité ne sachant que s'asseoir !
Cette fille est trop vilaine, il me la faut.

Gloire à qui n'ayant pas d'idéal sacro-saint
Se borne à ne pas trop emmerder ses voisins !
Et gloire à don Juan qui rendit femme celle
Qui, sans lui, quelle horreur ! serait morte pucelle !
Cette fille est trop vilaine, il me la faut.

Histoire de faussaire

D
Se découpant sur champ d'azur
F#7
La ferme était fausse bien sûr,
Bm
Et le chaume servant de toit
D7
Synthétique comme il se doit.
G Gm
Au bout d'une allée de faux buis,
F#7 Bm
On apercevait un faux puits
E7
Du fond duquel la vérité
A7 D
N'avait jamais dû remonter.

Et la maîtresse de céans
Dans un habit, ma foi, seyant
De fermière de comédie
À ma rencontre descendit,
Et mon petit bouquet, soudain,
Parut terne dans ce jardin
Près des massifs de fausses fleurs
Offrant les plus vives couleurs.

Ayant foulé le faux gazon,
Je la suivis dans la maison
Où brillait sans se consumer
Un genre de feu sans fumée.
Face au faux buffet Henri deux,
Alignés sur les rayons de
La bibliothèque en faux bois,
Faux bouquins achetés au poids.

Faux Aubusson, fausses armures,
Faux tableaux de maîtres au mur,
Fausses perles et faux bijoux,
Faux grains de beauté sur les joues,
Faux ongles au bout des menottes,
Piano jouant des fausses notes
Avec des touches ne devant
Pas leur ivoire aux éléphants.

Aux lueurs des fausses chandelles
Enlevant ses fausses dentelles,
Elle a dit, mais ce n'était pas
Sûr, tu es mon premier faux pas.
Fausse vierge, fausse pudeur,
Fausse fièvre, simulateurs,
Ces anges artificiels
Venus d'un faux septième ciel.

La seule chose un peu sincère
Dans cette histoire de faussaire
Et contre laquelle il ne faut
Peut-être pas s'inscrire en faux,
C'est mon penchant pour elle et mon
Gros point du côté du poumon
Quand amoureuse elle tomba
D'un vrai marquis de Carabas.

En l'occurrence Cupidon
Se conduisit en faux-jeton,
En véritable faux témoin,
Et Vénus aussi ; néanmoins
Ce serait sans doute mentir
Par omission de ne pas dire
Que je leur dois quand même une heure
Authentique de vrai bonheur.

Les ricochets

Bm F#7 Bm
J'avais dix-huit ans
F#7 Bm
Tout juste et, quittant
F#7 Bm F#7
Ma ville natale,
Bm F#7 Bm
Un beau jour, o gué!
F#7 Bm
Je vins débarquer
F#7 Bm B7
Dans la capitale.
Em B7 Em
J'entrai pas aux cris
B7 Em
D' «À nous deux Paris»
B7 Em
En Île-de-France
Em B7 Em
Que ton Rastignac
G-
N'ait cure, ô Balzac!
D F#7 Bm
De ma concurrence.
G F#7 Bm
De ma concurrence.

Gens en place, dormez
Sans vous alarmer,
Rien ne vous menace.
Ce n'est qu'un jeun' sot
Qui monte à l'assaut
Du p'tit Montparnasse.
On s'étonn'ra pas
Si mes premiers pas
Tout droit me menèrent
Au pont Mirabeau
Pour un coup de chapeau
À l'Apollinaire. bis

Bec enfariné
Pouvais-je deviner
Le remue-ménage
Que dans mon destin
Causerait soudain
Ce pèlerinage?
Que circonvenu
Mon cœur ingénu
Allait faire des siennes
Tomber amoureux
De sa toute pre-
Mière Parisienne. bis

N'anticipons pas.
Sur la berge en bas,
Tout contre une pile,
La belle tâchait
D' fair' des ricochets
D'un' main malhabile.
Moi, dans ce temps-là
– Je n' dis pas cela
En bombant le torse,
L'air avantageux –
J'étais à ce jeu
De première force. bis

« Tu m' donn's un baiser,
Ai-je proposé
À la demoiselle ;
Et moi, sans retard
J' t'apprends de cet art
Toutes les ficelles. »
Affaire conclue,
En une heure elle eut,
L'adresse requise.
En échange, moi
J' cueillis plein d'émoi
Ses lèvres exquises. *bis*

Et durant un temps
– Les journaux d'antan
D'ailleurs le relatent –
Fallait se lever
Matin pour trouver
Une pierre plate.
On redessina
Du pont d'Iéna
Au pont Alexandre
Jusqu' à Saint-Michel,
Mais à notre échelle,
La carte du tendre. *bis*

Mais c'était trop beau :
Au pont Mirabeau,
La belle volage
Un jour se perchait
Sur un ricochet
Et gagnait le large.
Ell' me fit faux-bond
Pour un vieux barbon,
La petite ingrate,
Un Crésus vivant,
Détail aggravant,
Sur la rive droite. *bis*

J'en pleurai pas mal.
Le flux lacrymal
Me fit la quinzaine.
Au viaduc d'Auteuil
Paraît qu'à vue d'œil
Grossissait la Seine.
Et si, pont d' l'Alma,
J'ai pas noyé ma
Détresse ineffable,
C'est qu' l'eau coulant sous
Les pieds du zouzou
Était imbuvable. *bis*

Et qu' j'avais acquis
Cett' conviction, qui
Du reste me navre,
Que mort ou vivant
Ce n'est pas souvent
Qu'on arrive au havre.
Nous attristons pas,
Allons de ce pas
Donner, débonnaire,
Au pont Mirabeau
Un coup de chapeau
À l'Apollinaire. bis

La messe au pendu

C Dm
Anticlérical fanatique,
Am E7
Gros mangeur d'ecclésiastiques,
Am G C
Cet aveu me coûte beaucoup,
Em7(b5) A7 Dm
Mais ces hommes d'Église, hélas !
Am E
Ne sont pas tous des dégueulasses.
Am Em/G Am
Témoin le curé de chez nous.

Quand la foule qui se déchaîne
Pendit un homme au bout d'un chêne
Sans forme aucune de remords,
Ce ratichon fit scandale
Et rugit à travers les stalles :
« Mort à toute peine de mort ! »

Puis, on le vit, étrange rite,
Qui baptisait les marguerites
Avec l'eau de son bénitier
Et qui prodiguait les hosties,
Le pain bénit, l'Eucharistie,
Aux petits oiseaux du moutier.

Ensuite, il retroussa ses manches,
Prit son goupillon des dimanches
Et, plein d'une sainte colère,
Il partit comme à l'offensive
Dire une grand' messe exclusive
À celui qui dansait en l'air.

C'est à du gibier de potence
Qu'en cette triste circonstance
L'hommage sacré fut rendu.
Ce jour-là, le rôle du Christ(e),
Bonne aubaine pour le touriste,
Était joué par un pendu.

Et maintenant quand on croasse,
Nous, les païens de sa paroisse,
C'est pas lui qu'on veut dépriser.
Quand on crie «À bas la calotte»
À s'en faire péter la glotte,
La sienne n'est jamais visée.

Anticléricaux fanatiques
Gros mangeur d'ecclésiastiques,
Quand vous vous goinfrerez un plat
De cureton, je vous exhorte,
Camarades, à faire en sorte
Que ce ne soit pas celui-là.

Tempête dans un bénitier

Eb
Tempête dans un bénitier,
Ab Cm G7
Le souverain pontife avecque
F7 Bbm C7
Les évêques, les archevêques,
F7 Bb7 Eb
Nous font un satané chantier.

Bb F7 Bb
Ils ne savent pas ce qu'ils perdent,
Bb F7 Bb
Tous ces fichus calotins ;
Bb Bb
Sans le latin, sans le latin,
G7 Cm
La messe nous emmerde.
Cm G7 Cm
À la fête liturgique,
Cm G7 Cm
Plus de grand's pompes, soudain ;
Cm
Sans le latin, sans le latin,
F7 F+5 Bb
Plus de mystère magique.
Bb F7 Bb
Le rite qui nous envoûte
Bb F7 Bb
S'avère alors anodin,
Bb
Sans le latin, sans le latin,
Bb7 Eb
Et les fidèl's s'en foutent.
Bb-
Ô très Sainte Marie mèr' de
Dm G
Dieu, dites à ces putains
C7
De moines qu'ils nous emmerdent
F7 Bb F7 Bb7
Sans le latin.

Je ne suis pas le seul, morbleu !
Depuis que ces règles sévissent,
À ne plus me rendre à l'office
Dominical que quand il pleut.

Ils ne savent pas ce qu'ils perdent
Tous ces fichus calotins ;
Sans le latin, sans le latin,
La messe nous emmerde.
En renonçant à l'occulte,
Faudra qu'ils fassent tintin,
Sans le latin, sans le latin,
Pour le denier du culte.
À la saison printanière
Suisse, bedeau, sacristain,
Sans le latin, sans le latin
F'ront l'églis' buissonnière,
Ô très Sainte Marie mèr' de
Dieu, dites à ces putains
De moines qu'ils nous emmerdent
Sans le latin.

Ces oiseaux sont des enragés,
Ces corbeaux qui scient, rognent, tranchent
La saine et bonne vieille branche
De la croix où ils sont perchés.

Ils ne savent pas ce qu'ils perdent,
Tous ces fichus calotins;
Sans le latin, sans le latin,
La messe nous emmerde.
Le vin du sacré calice
Se change en eau de boudin
Sans le latin, sans le latin,
Et ses vertus faiblissent.
À Lourdes, Sète ou bien Parme,
Comme à Quimper Corentin,
Le presbytère sans le latin
A perdu de son charme.
Ô très Sainte Marie mèr' de
Dieu, dites à ces putains
De moines qu'ils nous emmerdent
Sans le latin.

Les patriotes

Les invalid's chez nous, l'revers de leur médaille
C'est pas d'être hors d'état de suivr' les fill's, cré nom de nom,
Mais de ne plus pouvoir retourner au champ de bataille.
Le rameau d'olivier n'est pas notre symbole, non!

Ce que, par-dessus tout, nos aveugles déplorent
C'est pas d'être hors d'état d'se rincer l'œil, cré nom de nom,
Mais de ne plus pouvoir lorgner le drapeau tricolore.
La ligne bleue des Vosges sera toujours notre horizon.

Et les sourds de chez nous, s'ils sont mélancoliques
C'est pas d'être hors d'état d'ouïr les sirènes, cré nom de nom,
Mais de ne plus pouvoir entendre au défilé d'la clique
Les échos du tambour, de la trompette et du clairon.

Et les muets d'chez nous, c'qui les met mal à l'aise
C'est pas d'être hors d'état d'conter fleurett', cré nom de nom,
Mais de ne plus pouvoir reprendre en chœur la Marseillaise.
Les chansons martiales sont les seules que nous entonnons.

Ce qui de nos manchots aigrit le caractère,
C'est pas d'être hors d'état d'pincer les fess's, cré nom de nom,
Mais de ne plus pouvoir faire le salut militaire.
Jamais un bras d'honneur ne sera notre geste, non!

Les estropiés d'chez nous, ce qui les rend patraques
C'est pas d'être hors d'état d'courir la gueus', cré nom de nom,
Mais de ne plus pouvoir participer à une attaque.
On rêve de Rosalie, la baïonnette, pas de Ninon.

C'qui manque aux amputés de leurs bijoux d'famille
C'est pas d'être hors d'état d'aimer leur femm', cré nom de nom,
Mais de ne plus pouvoir sabrer les belles ennemies.
La colomb' de la paix, on l'apprête aux petits oignons.

Quant à nos trépassés, s'ils ont tous l'âme en peine
C'est pas d'être hors d'état d'mourir d'amour, cré nom de nom,
Mais de ne plus pouvoir se faire occire à la prochaine.
Au monument aux morts, chacun rêve d'avoir son nom.

Les Casseuses

Bb F7
Tant qu'elle a besoin du matou,
F7 Bb F7
Ma chatte est tendre comme tout,
Bb F7
Quand elle est comblée, aussitôt
Bb
Ell' griffe, ell' mord, ell' fait l'gros dos.

Refrain

C7 C+5 F
Quand vous ne nous les caressez
A A7 Bb
Pas, chéries, vous nous les cassez.
F C7 F
Oubliez-les, si fair' se peut,
G7 C7
Qu'ell's se reposent.
C C+5 F
Quand vous nous les dorlotez pas,
A A7 Bb
Vous nous les passez à tabac.
F
Oubliez-les, si fair' se peut,
Cm D7
Qu'ell's se reposent un peu,
G7 C7 F7
Qu'ell's se reposent.

Énamourée, ma femme est douce,
Mes amis vous le diront tous.
Après l'étreinte, en moins de deux
Ell' r'devient un bâton merdeux.

Refrain

Dans l'alcôve, on est bien reçus
Par la voisine du dessus.
Un' fois son désir assouvi,
Ingrate, ell' nous les crucifie.

Refrain

Quand ell' passe en revue les zouaves
Ma sœur est câline et suave.
Dès que s'achève l'examen,
Gare à qui tombe sous sa main.

Refrain

Si tout le monde en ma maison
Reste au lit plus que de raison,
C'est pas qu'on soit lubriqu's, c'est qu'il
Y'a guère que là qu'on est tranquilles.

Refrain

Montélimar

Bm F#7
Avec leurs gniards
Bm F#7
Mignons mignards,
G A7
Leur beau matou,
D B7
Leur gros toutou,
Em A7
Les pharisiens,
D B7
Les béotiens,
Em F#7
Les aoûtiens,
Bm F#7
Dans leur auto,
Bm F#7
Roulent presto,
G A7
Tombeau ouvert,
D B7
Descendant vers
Em A7
La grande mare,
D F#7
En passant par
Bm
Montélimar.

Refrain

Em Bm F#7
Dites d'urgence
Bm
À ces engeances
De malheur,
Et à leurs
E Em
Gniards,
A7
Que chiens, chats
D F#7
N'aiment
Pas l' nougat,
Bm
Même,
A
Même celui
Bm
D'Montélimar.

Hélas ! bientôt
Le mal d'auto
Va déranger
Les passagers.
Le beau matou,
Le gros toutou,
Pas fiers du tout
– Ça fait frémir –
S'en vont vomir,
Et même pis,
Sur les tapis
Et les coussins
À beaux dessins,
C'est très malsain.

Refrain

C’est très fâcheux,
C’est plus du jeu,
Et cætera.
Et alors à
Montélimar,
On en a marre
Du cauchemar.
Boutant presto
Hors de l’auto
Le beau matou,
Le gros toutou,
Ces handicaps
Sur Digne, Gap,
On met le cap.

Refrain

Alors tous ces
Petits poucets,
Ces beaux matous,
Ces gros toutous,
En ribambelle
Ont sans appel
Droit au scalpel.
Les aoûtiens
Les béotiens
Qui font ça n’ont
Pas d’âme, non,
Que leur auto
Bute presto
Contre un poteau !

Refrain

Mélanie

C Am G C
Les chansons de salle de garde
Am G7 C
Ont toujours été de mon goût,
Am G C
Et je suis bien malheureux, car de
Am G7 C
Nos jours on n'en crée plus beaucoup.
A A7 Dm
Pour ajouter au patrimoine
Gm Gm A
Folklorique des carabins,
Am D7
Folklorique des carabins,
A7 Dm
J'en ai fait une, putain de moine,
Gm Gm A
Plaise à Dieu qu'elle plaise aux copains.
D7 G7 C G7
Plaise à Dieu qu'elle plaise aux copains.

Ancienne enfant d'Marie-salope
Mélanie, la bonne au curé,
Dedans ses trompes de Fallope,
S'introduit des cierges sacrés.
Des cierges de cire d'abeille
Plus onéreux, mais bien meilleurs, bis
Dame ! la qualité se paye
À Saint-Sulpice, comme ailleurs. bis

Quand son bon maître lui dit : « Est-ce
Trop vous demander Mélanie,
De n'user, par délicatesse,
Que de cierges non encor bénits ? »
Du tac au tac, elle réplique
Moi, je préfère qu'ils le soient, bis
Car je suis bonne catholique
Elle a raison, ça va de soi. bis

Elle vous emprunte un cierge à Pâques,
Vous le rend à la Trinité.
Non, non, non, ne me dites pas que
C'est normal de tant le garder.
Aux obsèques d'un con célèbre,
Sur la bière, ayant aperçu, bis
Un merveilleux cierge funèbre,
Elle partit à cheval dessus. bis

Son mari, pris dans la tempête
La Paimpolaise était en train
De vouer, c'était pas si bête,
Un cierge au patron des marins.
Ce pieux flambeau qui vacille
Mélanie se l'est octroyé ; bis
Alors le saint, cet imbécile,
Laissa le marin se noyer. bis

Les bons fidèles, qui désirent
Garder pour eux sur le chemin
Des processions, leur bout de cire,
Doiv'nt le tenir à quatre mains ;
Car quand elle s'en mêl', sainte vierge,
Elle cause un désastre, un malheur. bis
La Saint-Barthélemy des cierges,
C'est le jour de la Chandeleur. bis

Souvent quand elle les abandonne,
Les cierges sont périmés ;
La saint' famill' nous le pardonne
Plus moyen de les rallumer.
Comme ell' remue, comme elle se cabre,
Comme elle fait des soubresauts, bis
En retournant au candélabre,
Ils sont souvent en p'tits morceaux. bis

Et comme elle n'est pas de glace,
Parfois quand elle les restitue
Et qu'on veut les remettre en place,
Ils sont complètement fondus.
Et comme en outre elle n'est pas franche,
Il arrive neuf fois sur dix bis
Qu'sur un chandelier à sept branches
Elle n'en rapporte que six. bis

Mélanie à l'heure dernière
A peu de chances d'être élue ;
Aux culs bénits de cett' manière
Aucune espèce de salut.
Aussi, chrétiens, mes très chers frères,
C'est notre devoir, il est temps, bis
De nous employer à soustraire
Cette âme aux griffes de Satan. bis

Et je propose qu'on achète
Un cierge abondamment béni
Qu'on fera brûler en cachette
En cachette de Mélanie.
En cachette car cette salope
Serait fichue d'se l'enfoncer bis
Dedans ses trompes de Fallope,
Et tout s'rait à recommencer. bis

Boulevard du temps qui passe

Dm G7
À peine sortis du berceau,
C7 F7
Nous sommes allés faire un saut
Bb A7
Au boulevard du temps qui passe,
Dm G7
En scandant notre «Ça ira»
C7 F7
Contre les vieux, les mous, les gras
Bb A7 Dm
Confinés dans leurs idées basses.

On nous a vus, c'était hier,
Qui descendions, jeunes et fiers,
Dans une folle sarabande,
En allumant des feux de joie,
En alarmant les gros bourgeois,
En piétinant leurs plates-bandes.

Jurant de tout remettre à neuf,
De refaire quatre-vingt-neuf,
De reprendre un peu la Bastille,
Nous avons embrassé, goulus,
Leurs femmes qu'ils ne touchaient plus,
Nous avons fécondé leurs filles.

Dans la mare de leurs canards
Nous avons lancé, goguenards,
Force pavés, quelle tempête!
Nous n'avons rien laissé debout,
Flanquant leurs *Credo*, leurs tabous
Et leurs dieux cul par-dessus tête.

Quand sonna le «cessez-le-feu» ,
L’un de nous perdait ses cheveux
Et l’autre avait les tempes grises.
Nous avons constaté soudain
Que l’été de la Saint-Martin
N’est pas loin du temps des cerises.

Alors, ralentissant le pas,
On fit la route à la papa;
Car, braillant contre les ancêtres,
La troupe fraîche des cadets
Au carrefour nous attendait
Pour nous envoyer à Bicêtre.

Tous ces gâteux, ces avachis,
Ces pauvres sépulcres blanchis
Chancelant dans leur carapace,
On les a vus, c’était hier,
Qui descendaient jeunes et fiers,
Le boulevard du temps qui passe.

Lèche-cocu

Comme il chouchoutait les maris,
Qu'il les couvrait de flatteries
Quand il en pinçait pour leurs femmes,
Qu'il avait des cornes au cul,
On l'appelait lèche-cocu.
Oyez tous son histoire infâme.

Si l'mari faisait du bateau,
Il lui parlait de tirant d'eau,
De voiles, de mâts de misaine,
De yacht, de brick et de steamer,
Lui qui souffrait du mal de mer
En passant les ponts de la Seine.

Si l'homme était un peu bigot,
Lui qui sentait fort le fagot,
Criblait le ciel de patenôtres,
Communiait à grand fracas,
Retirant même en certains cas
L'pain bénit d'la bouche d'un autre.

Si l'homme était sergent de ville,
En sautoir – mon Dieu, que c'est vil –
Il portait un flic en peluche,
Lui qui, sans ménager sa voix,
Criait : « Mort aux vaches » autrefois,
Même atteint de la coqueluche.

Si l'homme était un militant,
Il prenait sa carte à l'instant
Pour bien se mettre dans sa manche,
Biffant ses propres graffiti
Du vendredi, le samedi,
Ceux du samedi, le dimanche.

Et si l'homme était dans l'armée,
Il entonnait pour le charmer :
« Sambre-et-Meuse » et tout le folklore,
Lui, le pacifiste bêlant
Qui fabriquait des cerfs-volants
Avec le drapeau tricolore.

Et bien, ce malheureux tocard
Faisait tout ça vainement, car
Étant comme cul et chemise
Avec les maris, il ne put
Jamais parvenir à son but :
Toucher à la fesse promise.

Ravis, ces messieurs talonnaient
Le bougre qui les flagornait
À la ville, comme à la campagne,
Ne lui laissant pas l'occasion
De se trouver, quell' dérision,
Seul à seul avec leurs compagnes.

Et nous, copains, cousins, voisins,
Profitant (on n'est pas des saints)
De ce que ces deux imbéciles
Se passaient rhubarbe et séné,
On s'partageait leur dulcinée
Qui se laissait faire docile.

Et, tandis que lèche-cocu
Se prosternait cornes au cul
Devant ses éventuelles victimes,
Par surcroît, l'on couchait aussi
– La morale était sauve ainsi –
Avec sa femme légitime.

Élégie à un rat de cave

Personne n'aurait cru ce cave
Prophétisant que par malheur,
Mon pauvre petit rat de cave,
Tu débarquerais avant l'heure.
Tu n'étais pas du genre qui vire
De bord et tous on le savait,
Du genre à quitter le navire,
Et tu es la première qui l'aies fait.

Maintenant m'amie qu'on te séquestre
Au sein des cieux,
Que je m' déguise en chanteur d'orchestre
Pour tes beaux yeux,
En partant m'amie je te l'assure,
Tu as fichu le noir au fond de nous,
Quoiqu'on n'ait pas mis de crêpe sur
Nos putains de binious.
On n' m'a jamais vu, faut que tu l' notes,
C'est une primeur,
Faire un bœuf avec des croque-notes,
C'est en ton honneur.
Sache aussi qu'en écoutant Bechet(e),
Foll' gamberge, on voit, la nuit tombée,
Ton fantôme qui sautille en cachette
Rue du Vieux-Colombier.
Ton fantôme qui sautille en cachette
Rue du Vieux-Colombier.

Sans aucun «Au revoir mes frères»
Mais on n' t'en veut pas pour autant,
Mine de rien tu es allée faire
Ton trou dans les neiges d'antan.
Désormais, c'est pas des salades,
Parmi Flora, Jeanne, Thaïs,
J'inclus ton nom à la ballade
Des belles dam's du temps jadis.

Maintenant m'amie qu' ta place est faite
Chez les gentils,
Qu' tu as retrouvé pour l'éternelle fête,
Papa Zutty,
Chauff' la place à tous les vieux potaches,
Machin, Chose, et Luter et Longnon,
Et ce gras du bide de Moustache,
Tes fidèl's compagnons.
S'il est brave, pourquoi que Dieu le père
Là-haut ferait
Quelque différence entre saint Pierre
Et Saint-Germain-des-Prés?
De tout cœur on espère que, dans ce
Paradis miséricordieux,
Brill'nt pour toi des lendemains qui dansent
Où y a pas de bon Dieu.
Brill'nt pour toi des lendemains qui dansent
Où y a pas de bon Dieu.

Index des chansons

Copyright des chansons

Music France 1952/Le grand chêne Paroles et Musique de Georges Brassens © 1966 Éditions Musicales 57/Le grand Pan Paroles et Musique de Georges Brassens © 1965 Éditions Musicales 57/Le mauvais sujet repenti Paroles de Georges Brassens, Musique de Eugène Météhen © Warner Chappell Music France 1952/Le mécréant Paroles et Musique de Georges Brassens © 1960 Éditions Musicales 57/Le modeste Paroles et Musique de Georges Brassens © 1976 Éditions Musicales 57/Le mouton de Panurge Paroles et Musique de Georges Brassens © 1965 Éditions Musicales 57/Le moyenâgeux Paroles et Musique de Georges Brassens © 1966 Éditions Musicales 57/Le nombril des femmes d'agent Paroles de Georges Brassens, Musique de Eugène Météhen © Warner Chappell Music France 1956/Le parapluie Paroles et Musique de Georges Brassens © Warner Chappell Music France 1952/Le père Noël et la petite fille Paroles et Musique de Georges Brassens © 1960 Éditions Musicales 57 /Le petit joueur de flûteau Paroles et Musique de Georges Brassens © 1962 Éditions Musicales 57/Le pluriel Paroles et Musique de Georges Brassens © 1966 Éditions Musicales 57/Le pornographe Paroles et Musique de Georges Brassens © 1958 Éditions Musicales 57/Le roi Paroles et Musique de Georges Brassens © 1972 Éditions Musicales 57/Le temps ne fait rien à l'affaire Paroles et Musique de Georges Brassens © 1962 Éditions Musicales 57/Le temps passé Paroles et Musique de Georges Brassens © 1962 Éditions Musicales 57/Le testament Paroles et Musique de Georges Brassens © Warner Chappell Music France 1955/Le vent Paroles et Musique de Georges Brassens © Warner Chappell Music France 1954/Le vieux Léon Paroles et Musique de Georges Brassens © 1958 Éditions Musicales 57/Le vin Paroles et Musique de Georges Brassens © 1957 Éditions Musicales 57/Le vingt-deux septembre Paroles et Musique de Georges Brassens © 1965 Éditions Musicales 57/Lèche-cocu Paroles et Musique de Georges Brassens © 1976 Éditions Musicales 57/L'épave Paroles et Musique de Georges Brassens © 1966 Éditions Musicales 57/Les amoureux des bancs publics Paroles et Musique de Georges Brassens © Warner Chappell Music France 1952/Les amours d'antan Paroles et Musique de Georges Brassens © 1962 Éditions Musicales 57/Les deux oncles Paroles et Musique de Georges Brassens © 1965 Éditions Musicales 57/Les casseuses Paroles et Musique de Georges Brassens © 1976 Éditions Musicales 57/Les copains d'abord Paroles et Musique de Georges Brassens © 1965 Éditions Musicales 57/Les croquants Paroles et Musique de Georges Brassens © Warner Chappell Music France 1955 /Les funérailles d'antan Paroles et Musique de Georges Brassens © 1960 Éditions Musicales 57/Les lilas Paroles et Musique de Georges Brassens © 1957 Éditions Musicales 57/Les patriotes Paroles et Musique de Georges Brassens © 1976 Éditions Musicales 57/Les quatre bacheliers Paroles et Musique de Georges Brassens © 1966 Éditions Musicales 57/Les quat'z'arts Paroles et Musique de Georges Brassens © 1965 Éditions Musicales 57/Les ricochets Paroles et Musique de Georges Brassens © 1976 Éditions Musicales 57/Les sabots d'Hélène Paroles et Musique de Georges Brassens © Warner Chappell Music France 1954/Les trompettes de la renommée Paroles et Musique de Georges Brassens © 1962 Éditions Musicales 57/L'orage Paroles et Musique de Georges Brassens © 1960 Éditions Musicales 57/Maman papa Paroles et Musique de Georges Brassens © Warner Chappell Music France 1953/Marinette Paroles et Musique de Georges Brassens © Warner Chappell Music France 1955/Mélanie Paroles et Musique de Georges Brassens © 1976 Éditions Musicales 57/Misogynie à part Paroles et Musique de Georges Brassens © 1969 Éditions Musicales 57/Montélimar Paroles et Musique de Georges Brassens © 1976 Éditions Musicales 57/Mourir pour des idées Paroles et Musique de Georges Brassens © 1972 Éditions Musicales 57/Oncle Archibald Paroles et Musique de Georges Brassens © 1957 Éditions Musicales 57/P… de toi Paroles et Musique de Georges Brassens © Warner Chappell Music France 1953/Pauvre Martin Paroles et Musique de Georges Brassens © Warner Chappell Music France 1953/Pénélope Paroles et Musique de Georges Brassens © 1960 Éditions Musicales 57/Quatre-vingt-quinze pour cent Paroles et Musique de Georges Brassens © 1972 Éditions Musicales 57/Rien à jeter Paroles et Musique de Georges Brassens © 1969 Éditions Musicales 57/Sale petit bonhomme Paroles et Musique de Georges Brassens © 1969 Éditions Musicales 57/Saturne Paroles et Musique de Georges Brassens © 1962 Éditions Musicales 57/Sauf le respect que je vous dois Paroles et Musique de Georges Brassens © 1972 Éditions Musicales 57/Stances à un cambrioleur Paroles et Musique de Georges Brassens © 1972 Éditions Musicales 57/Supplique pour être enterré à la plage de Sète Paroles et Musique de Georges Brassens © 1966 Éditions Musicales 57/Tempête dans un bénitier Paroles et Musique de Georges Brassens © 1976 Éditions Musicales 57/Tonton Nestor Paroles et Musique de Georges Brassens © 1962 Éditions Musicales 57/Trompe la mort Paroles et Musique de Georges Brassens © 1976 Éditions Musicales 57/Une jolie fleur Paroles et Musique de Georges Brassens © Warner Chappell Music France 1954/Vénus callipyge Paroles et Musique de Georges Brassens © 1965 Éditions Musicales 57

Toutes les chansons © Éditions Musicales 57 sont reproduites avec l'aimable autorisation d'Universal Music Publishing.

De Joann Sfar chez Gallimard

L'ANCIEN TEMPS
CHAGALL EN RUSSIE (deux volumes)
KLEZMER (trois volumes)
MONSIEUR CROCODILE A BEAUCOUP FAIM
LE PETIT PRINCE d'après l'œuvre d'Antoine de Saint-Exupéry

Avec Sandrina Jardel
ORANG-OUTAN

Maquette : Marlène Scharr

N° d'édition : 182325
ISBN : 978-2-7424-3018-5
Dépôt légal : mars 2011
Imprimé en Espagne
Première édition

you're the Woody Guthrie from Gawl old fart!
Ch'uis c'que ch'uis et c'est tout c'que ch'uis.